山东省社科规划项目研究成果（项目批准号：19CKPJ01）

山东文化资源的动漫化传播研究

张 进 著

中国纺织出版社有限公司

内容提要

从古至今，文化的长河奔流不息，民俗文化、现代文化交织交融，传承着创新，创造着血脉基因。动画作为艺术，承担着传播文化的社会责任。本书以山东文化资源为基础，介绍了山东拥有的历史、自然、乡村等各类文化资源，从家国情怀、传统艺术、现实题材等方面探索其动漫化的表达方式，并对文化资源动漫化的个案进行了解读，对于文化资源与动漫创作的融合具有一定的指导意义。在现代动漫创作中融入山东文化，不仅是对动漫艺术的创新，而且是创作具有中国特色动漫的一条有效途径。

图书在版编目（CIP）数据

山东文化资源的动漫化传播研究/张进著.--北京：中国纺织出版社有限公司，2023.3
ISBN 978-7-5229-0192-3

Ⅰ.①山… Ⅱ.①张… Ⅲ.①地方文化-文化传播-研究-山东 Ⅳ.①G127.52

中国版本图书馆CIP数据核字（2022）第247700号

责任编辑：邢雅鑫　　责任校对：高　涵　　责任印制：储志伟

中国纺织出版社有限公司出版发行
地址：北京市朝阳区百子湾东里A407号楼　邮政编码：100124
销售电话：010—67004422　传真：010—87155801
http://www.c-textilep.com
中国纺织出版社天猫旗舰店
官方微博 http://weibo.com/2119887771
天津千鹤文化传播有限公司印刷　各地新华书店经销
2023年3月第1版第1次印刷
开本：710×1000　1/16　印张：10.5
字数：208千字　定价：89.90元

凡购本书，如有缺页、倒页、脱页，由本社图书营销中心调换

序 言

在动画艺术空前发展的今天，动画创作的民族化与国际化特点愈加显著，国产动画如何在不断追求创新的过程当中还能够不忘传承，而真正需要传承的内容如何取舍，这是一个很大的问题，也是一个特别值得去探索的问题。国产动画能够走到世界上，最重要一点就是找到了民族化这样一个特别好的文化自信的立足点，民族化里面渗透了中国的精神、中国文化的题材、中国表达的方式。

一、"中国学派"的启示

从1922年到2022年，不知不觉国产动画已经走过了百年。有很多经典的国产动画形象和作品成了特别宝贵的文化记忆。比如《大闹天宫》《渔童》《神笔马良》《没头脑和不高兴》。1922年《舒振东华文打字机》掀开了中国动画的第一页，中国动画学派❶从20世纪50年代形成到80年代，在数十年当中创作了一大批优秀风格多样的动画短片和长片。从那时开始，前辈们就提出走民族化之路、敲喜剧之门，以及不模仿他人、不重复自己。中国动画学派首先是在民族传统文化、传统艺术当中挖掘，创作出水墨动画如《小蝌蚪找妈妈》❷《牧笛》❸《山水情》❹等，剪纸动画如《渔童》《猴子捞月》《猪八戒吃西瓜》❺，以及围绕剪纸和水墨嫁接出来独特的水墨拉毛剪纸工艺动画❻，如《鹬蚌相争》，

---

❶ 国际上官方正式命名的动画艺术学派仅有"萨格勒布学派动画"和"中国学派动画"。

❷ 上海美术电影制片厂1960年原创，1961年正式出品的中国第一部水墨动画片，其美术原型为著名国画家齐白石的水墨画《蛙声十里出山泉》。

❸ 《牧笛》，1963年上海美术电影制片厂出品的水墨动画，导演是特伟和钱家骏。

❹ 《山水情》，1988年上海美术电影制片厂出品的水墨动画，导演是特伟和马克宣。

❺ 《猪八戒吃西瓜》，上海美术电影制片厂1958年出品的中国第一剪纸"美术片"，造型取材于中国北方民间剪纸，导演是万古蟾。

❻ 拉毛剪纸工艺，是在剪纸动画基础上发展起来的一种美术片技术，与普通剪纸片造型边缘光洁挺括不同，拉毛剪纸技术将造型边缘的纸纤维撕扯打毛，做出模糊的边缘肌理，通常与水墨动画结合运用，制造虚化晕染的水墨画效果。

这种动画既是剪纸又是水墨风，紧紧围绕着中国动画学派的整体风格。再就是大众熟悉的一类动画，通常被称为木偶动画或定格动画，如《半夜鸡叫》《阿凡提的故事》等。这些传统定格动画的特点都是表达真善美。

当时的中国动画承载着中华文化，承载着中国传统艺术，围绕着寓教于乐，首先满足的是孩子的审美启蒙。所以，动画作为艺术，具有社会责任，应把传播文化当成自己的使命。不仅从美术的角度，从音乐的角度，也同样从戏曲舞台、画像砖，甚至一些其他的民间艺术中汲取营养，创作出了很多不朽的，甚至影响世界的优秀东方艺术作品。所以这也是老生常谈的一句话，"越是民族的，越是世界的"。中国的假定性和西方对动画的假定性不同，在审美上有着自己鲜明的艺术特色。所以中国动画学派还有很多值得深入研究的，包括当时的制片机制等。动画导演阿达的《三个和尚》，把中国动画学派推到了另外一个顶峰——动画中的极简主义，把"此处无声胜有声"的中国式审美、中国式的假定性发挥到了极致。影片借鉴戏曲舞台的程式化表演，同时充分利用电影画面、国画当中的方构图等，极大地丰富了中国动画学派的综合语言。不再是像迪士尼一样华丽地去表达运动中的细节，而是注重了动作本身的滑稽幽默。《三个和尚》利用了中国文人画当中的写意性、象征性，用极简的创作观念表达了具有深刻中国哲理观的故事，做到了雅俗共赏。在当下，仅仅把动画当成一个娱乐工具，或者仅仅当成一个赚钱的商品，是远远不够的。有学者说中国动画学派应该是一个时代产物，因为世界上所有的流派都是这样的，过了那个时代，这个流派的意义只能回归到图书馆，而不能够或者没必要在当下环境总是提及。想要从大国走向强国，简单地说，有形的东西很快就能做到，如票房、制片量、收视率等；但是无形的东西，恰恰是当下难以做到的，因此我们要强调中国动画学派的现实意义。

二、民族文化与动画的结合

中华文化历史悠久，有着极其丰富的文化资源，为国产动画创作提供了取之不尽的素材，也能够为动画创作提供所需的资源。

第一，制作形式。中华人民共和国成立后以上海美术电影制片厂为核心，包括剪纸动画、木偶动画、水墨动画在内的多种融合民间传统艺术的动画片种相继问世，其中最有代表性的无疑是水墨动画，一度让海外动画界感到惊讶、好奇。❶然而民族化的这一大体现在当下几乎消失了，随着1995年首部三维动画电影《玩具总动员》的问世，计算机技术进入动画领域，国内电影市场逐渐形成以三维动画电影为主，传统二维动画电影为辅的态势，纯粹的剪纸、木偶或者是水墨动画已经难以得见。

第二，故事取材。一直以来，国产动画电影有三个重要的取材来源，一是神话传说，如中国也是亚洲当时的第一部动画长片《铁扇公主》❷，以及之后几部具有里程碑式意义的作品《大闹天宫》《哪吒闹海》《宝莲灯》❸。二是宗教文化，比如作品《九色鹿》就源自敦煌壁画中记载的故事。三是民间寓言，比如富有教育意义的《东郭先生》《三个和尚》等，这一点也是当今国产动画电影民族化倾向的最突出特征。

第三，视听呈现方面。无论是场景设计还是人物形象的造型设计，都可以融入具备民族特色的自然景观、传统建筑、传统工艺、民俗民风等。如《大闹天宫》中的角色设计就曾参考过面人、泥人的造型特质，纯粹的水墨动画虽然已经罕见，但近年来，在动画电影《白蛇：缘起》的开头出现了具有水墨画风格的片段，用以表现一个"异世界"。听觉方面，既可能有民族乐器参与配乐，也可能出现对传统戏曲的引用。

以上提到的后两种民族化表现渗透在当下很多国产动画电影的创作中。这种融入血脉的民族化倾向形成原因很多。

第一，历史根源上，在影视特效不发达的年代，具有强烈假定性的动画艺术，天然的最适合展现充满天马行空想象的神话故事。如可以利用绘画正面地展现物体的形变，这在当时的真人实拍电影中是难以实现的，这一点在当时的历史条件下，放之四海而皆准。所以不只是中国，早期的美国动画同样有大量

---

❶ 张松林，贡建英.谁创造了《小蝌蚪找妈妈》[M].上海：上海人民出版社，2010.

❷ 《铁扇公主》是继美国的《白雪公主》《小人国》《木偶奇遇记》之后的第四部动画长片。

❸ 《宝莲灯》是上海美术电影制片厂1999年公映的动画长片，导演是常光希。该片根据传统神话传说改编，是首次采用现代工业化动画产业流程创作的动画，采用了与国际接轨所有制作环节，在中国动画产业发展中具有开创性的意义，是"美术片"市场化创作的标志。

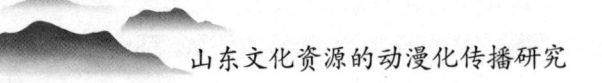

取材于传说、神话的案例，只不过需要去其他国族的文化传统中搜寻。

第二，国产动画自模仿美国动画开始，但早期获得的国际声誉却大多归功于民族化作品。1941年产出的首部动画长篇《铁扇公主》结合了美国动画技巧和本民族的文化，在海外引发了不小的关注，甚至启发了后来被誉为日本现代动画之父的手冢治虫。1949年后，较早获得国际奖项的作品《神笔》，则在创作上融合了木偶戏❶这一传统艺术样式，这些具有里程碑意义的作品收获了国内外的认可，让当时的创作者们坚定了走民族化探索道路的决心。

第三，国产动画电影长期以来重视宣传教化功能。早在20世纪30年代，国产动画先驱万氏兄弟❷就把创作重心放到一批宣传抗日的动画作品中。1949年初，对于大部分没有受过教育、不识字的百姓来说，动画就成了一种趣味十足、通俗易懂的宣传方式。在这样的考量下，融入民族文化、民族精神自然更有利于培养民众的归属感和自豪感。

第四，市场化体制改革以前，创作者长期沿用老一辈的创作理念，对创新起到了负面影响。到20世纪80年代，大批的美国、日本动画涌入国内，国产动画电影几乎无力抵抗，陷入低谷。

国产动画电影走民族化道路既有其历史根源，也和当下的创作环境、市场环境密不可分。根据灯塔数据，2015年以来，票房超过一亿元的国产动画电影总计有二十部，其中十二部为IP改编动画电影，包括《熊出没》系列、《新大头儿子和小头爸爸》系列、《赛尔号》系列等。剩余八部中有七部都具备显著的民族化特征，分别是《姜子牙》《大鱼海棠》《白蛇：缘起》《哪吒之魔童降世》《西游记之大圣归来》《西游记之再世妖王》《新神榜：哪吒重生》。一方面，从创作角度考虑，传统故事和人物形象往往都是已经经过时间检验的经典，无论是沿袭还是颠覆，都为剧本创作提供了可靠的参考，而出色的剧本正是当下国产动画电影最迫切需要的。另一方面，从宣发、受众角度考虑，自《西游记之大圣归来》"出圈"以来，传统故事改编、经典形象重塑已经形成突出

---

❶ 现代木偶戏的种类主要有提线木偶戏、杖头木偶戏和布袋木偶戏三种。

❷ 万氏兄弟包括万嘉综、万嘉淇、万嘉结和万嘉坤，是中国动画和美术片的开拓者。四人在"美术片"时代依次改名号为万籁鸣、万古蟾、万超尘和万涤寰。

的品牌效应，成为吸引观众走进电影院，使影片摆脱"低幼向"标签的重要元素，是片方必然会强调的卖点。民族化道路在当前国人的观影习惯下，是保证优质动画电影能够被全年龄段的观众欣赏到的前提条件。民族化道路也不应是一条唯一的路，当有一部风格全新的原创动画电影依靠口碑效应"出圈"时，国人对动画电影这一类型的刻板印象可能会进一步被削弱，才可能会有更多人——无论创作者还是观众，愿意尝试踏上新的路，踏上百花齐放的路，让国产动画越来越好。

观看现在一些新的动画人制作的动画作品，我们会发现他们在彰显国风的同时，也在不断依靠新技术加持。如《立秋》《秋实》，就将国产水墨动画和8K超高清技术做了结合。齐白石有一种画叫工写兼顾，是在生宣上面画工笔，这是非常难的一种技法，而利用8K这样的超高清技术就可以再现齐白石当年的工笔和写意兼顾，展示草虫和蜻蜓、蝈蝈，以及螳螂等这些非常细节的画面。使观众能在超高清的画面下看到中国画当中的工笔和写意的皴擦点染、墨分五彩的美感。还有一部分是基于戏曲舞台的程式化表演，如《新三岔口》这部短片既运用了现代的三维渲染技术，又在里面加入了时尚的现代元素，其中有中国吴桥杂技、踩水桶，还有戏剧中程式化的舞台表演和京剧舞台中的锣鼓点。在结合中，最主要的是反技术，因为现在的三维技术可以做到1∶1，就是每秒24格，但是再回归传统动画技术当中的12格，就会呈现出一种拙朴感。在大银幕上看到的这种拙朴感恰恰是对动画发展前期也是对中国动画学派的一种致敬。

一百年来，国产动画站在中华传统文化的基石上汲取了民族民间艺术的精华。如何走自己的路，如何把前辈们那些引以为傲的创作经验继承下去，走创新道路，在当下非常重要。国家提出文化战略、文化繁荣、文化发展，时代呼唤着我们将全面贯彻落实党的二十大精神，以忠于使命、敢为人先的奋斗精神，实施践行讲好中国故事、传播好中国声音的使命，拼搏奋发、勇毅前行，努力创造更加灿烂的明天。

目 录
CONTENTS

001	第一章	多元交响：山东文化资源概述
002	第一节	山东革命文化资源
004	第二节	山东乡村文化资源
009	第三节	山东历史文化资源
015	第四节	山东自然文化资源
025	第二章	历史轨迹：山东文化资源与动漫艺术
026	第一节	动漫的概念更替与艺术演进
035	第二节	文化资源与动漫艺术的关系
043	第三章	转换策略：山东文化资源的动漫化表达
044	第一节	家国情怀：大力弘扬时代精神
055	第二节	传统艺术：为动漫注入新活力
073	第三节	继往开来：神话传说经典重塑
088	第四节	现实题材：彰显时代崭新气象

103	第四章	文化担当：山东文化资源的动漫化传播
104	第一节	山东文化资源动漫传播的特点
107	第二节	山东文化资源动漫传播的方式
117	第三节	山东文化资源动漫传播的思考
135	第五章	反思与启示：文化资源动漫化的个案式解读
136	第一节	《最可爱的人》：时代审美与爱国精神
139	第二节	《天书奇谭》：传统艺术的传承与坚守
143	第三节	《姜子牙》：传统神话人物与英雄叙事
149	第四节	《雄狮少年》：现实题材动画的共情力
155	参考文献	

第一章

多元交响：山东文化资源概述

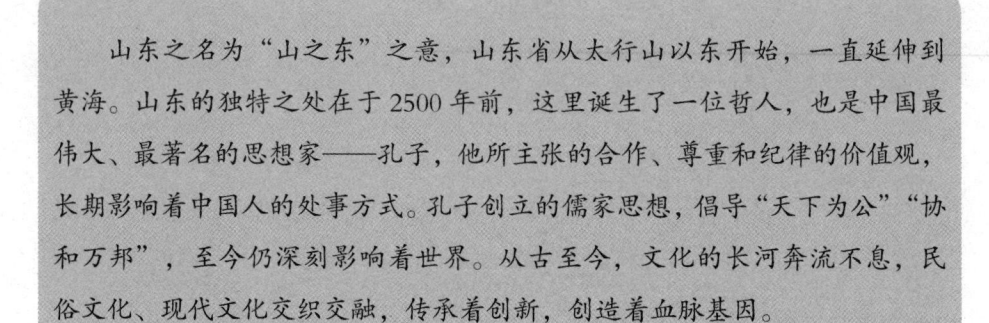

> 山东之名为"山之东"之意，山东省从太行山以东开始，一直延伸到黄海。山东的独特之处在于 2500 年前，这里诞生了一位哲人，也是中国最伟大、最著名的思想家——孔子，他所主张的合作、尊重和纪律的价值观，长期影响着中国人的处事方式。孔子创立的儒家思想，倡导"天下为公""协和万邦"，至今仍深刻影响着世界。从古至今，文化的长河奔流不息，民俗文化、现代文化交织交融，传承着创新，创造着血脉基因。

第一节 山东革命文化资源

泰山黄河，沂蒙山水，壮阔山河铭记着革命先烈的印记，承载着厚重的文化精神，赋予了这一方水土的人民鲜明的性格特征。勤劳质朴、英勇无畏、乐于奉献、敢于牺牲，如今，这些流淌在血液中的文化基因，历经战火硝烟、峥嵘岁月，成为今日弥足珍贵的文化资源，代代相传、熠熠生辉。

沂蒙，是以泰沂山脉两大支脉沂山、蒙山为坐标的地理区域，沂蒙境内山川秀美、风景如画，是中国近代史上著名的革命根据地。在这片历史悠久的红色沃土上，世代传承着艰苦奋斗、无私奉献的沂蒙精神。费县白石屋是《沂蒙山小调》诞生的地方，这里青山环绕，溪水淙淙。群山间回荡的不仅是曲调悠扬的小调，更是沂蒙山淳朴好客的民风。这首歌一唱就是 50 年，在革命老区一代一代传下去。一首《沂蒙山小调》让全国人民知道了沂蒙，知道了沂蒙山，这首歌唱的不仅是沂蒙山的美好风光，更是军民鱼水情深、水乳交融。今天老百姓还在唱《沂蒙山小调》，歌曲鼓舞着他们爱家乡、爱沂蒙山。看着如今安静祥和的山乡，谁能想到在 70 年前，这里发生了山东抗战史上最为悲壮的突围战，大青山胜利突围纪念碑静静矗立在群山中，无声诉说着英烈的故事。

台儿庄同样是铭刻在中国抗战史上的名字，在"九一八事变"纪念日，学校会组织学生来到台儿庄古城大战遗址，摸一摸墙上的弹孔，看一看战争之后留下的房屋，让孩子能更真切地感受到那一段历史，更珍惜以后的学习机会。

每到大战纪念日和重要的抗战节点，这些旅游区都会举行一些纪念活动，主要有读抗战家书、听抗战故事、放飞和平鸽等，目的是传承爱国基因，弘扬民族精神。每年接受教育的学生、干部和游客达到五百多万人。

建于20世纪60年代的王杰纪念馆，吸引着无数参观者来到这里缅怀英雄伟绩，感受英雄气魄。王伟川老人也在年复一年讲述着王杰的故事，宣传王杰精神。

每年九月，鲁西南战役纪念馆所在的羊山旅游景区，都会迎来一张张稚嫩却坚定的面孔。孩子们身着军装，将景区独有的革命资源当作最好的教材。这样特殊的开学第一课将爱国精神深深烙印在每一个孩子的心中。为了更好地利用这些资源，把鲁西南战役精神更好地传承下去，景区和多个学校联合起来，让军训进入纪念馆，使孩子们亲身感受在战火纷飞的年代，革命先烈为了党和国家、人民的利益奉献一切的精神。在军训中，学生们不仅身体受到了锻炼，而且思想也有了很大提升。烟台牟平杨子荣纪念馆同样利用景区的资源，开展别具特色的爱国教育。英雄村童讲英雄，在孩子们动情的讲述中，英雄事迹成为一颗种子悄然在孩子们心中萌芽、生长、开花。

烟台山下的胶东革命纪念馆，从建设到开馆，有一位老人始终相伴，他就是胶东革命历史专家刘学艺老人。他的父亲曾参加过文登城收复战，如今他在这里将那段充满硝烟弹痕的历史讲解给来访的参观者。所以这些爱国主义精神一定要传承下去，以此教育子孙后代爱党爱国爱人民。像刘学艺老人一样，致力于爱国精神传承的还有老兵鹿成增。连队下乡时他曾经与沂蒙红嫂相处过一段时间，她的事迹令鹿成增永生难忘。抗战时期，红嫂祖秀莲倾其所有，大爱勇救濒死的八路军战士。这位战士八年寻亲报恩，水乳交融、生死与共的沂蒙精神深深打动了鹿成增。他把大家的心血和汗水凝聚到一起，建立了一座纪念馆。纪念馆不大，但是表达了一批老兵的寄托，人民战士对人民母亲的感情寄托，也代表了中国人民的子弟兵对人民的深情厚谊。

革命岁月的亲历者正在慢慢老去，但是沂蒙精神、红嫂精神作为山东爱国基因的核心底色，在旅游景区重放光彩，熠熠生辉。如果沂蒙精神是山东旅游文化的深沉底色，那地雷战、地道战、铁道游击队、微山湖大队等民间战术战法则是山东军民多彩智慧的体现。

铁道游击队景区、地雷战景区、沂蒙红色影视基地等景区,纷纷依托各自的旅游文化资源,通过模拟逼真的情景再现,再现山东军民的英勇无畏、智勇双全,受到来访游客们的欢迎。

烟台招远玲珑金矿,座座矿山铭刻着不屈的民族抗争精神。抗战时期,在敌人严密封锁下,招远人民虎口夺金,为抗战胜利贡献了力量。如今,这段历史保留在玲珑红色教育基地及战时的车间遗址中。"爱国+旅游"等多业态发展,在全省旅游景区如火如荼地开展,不仅使革命老区群众脱贫致富,更为爱国精神的传承提供了载体,发挥出强大的社会效益和经济效益。

第二节　山东乡村文化资源

今天的乡村文化不只是一个社会基层,或者某一种民俗、某一种传统技艺和某一种传统文化表现形式的简单问题,而是和国家的中华民族伟大复兴这种深远的、战略性的意义紧密关联在一起。要保护乡村文化,需要很好地对乡村文化的社会生态、生存环境有所了解。山东的地域辽阔,不同的地域因地制宜,根据当地生产、生活实践,呈现出丰富性的、差异性的文化形态,这是乡村文化的一面。在面对乡村文化时,需要因地制宜地深入乡土之中。

一、聊城道口铺竹马舞

道口铺竹马舞距今有一千多年的历史。明清时期,社会相对稳定,跑竹马逐渐演变成民间的年首岁尾娱乐健身运动,深受群众喜爱。竹马的主要制作材料是竹子,竹子先在水里浸润十天左右,然后晾平,再破竹分篾,撑成骨架,复糊彩纸或彩色纱布于外,又用红、黄、绿、白、黑五色布缠身,内腹燃红烛或电灯,马身分马首、马身两节。马首有鬃毛,颈下挂响铃,马臀有长尾,形象逼真,但不真骑,而是扎于人的腰间,马首系于身前,马臀系于身后,像人骑马,自由翻腾跳跃,以走场为主,有双进门、开四门、水溜溜、绕八字、蛇蜕皮、十字靠、剪子股、跑圆场、三龙出水、南瓜蔓等十余种场面。逢年过节,传承人自发组织演出，往往出现人头攒动、观者如云的局面。道口铺竹马舞于2006年12月被聊城市人民政府公布为市级非物质文化遗产。2018年9月14日晚，竹马舞表演团队带着山东人民的深情厚谊，讲述山东故事、弘扬山东精神进京展演，在北京中央民族剧院惊艳亮相。道口铺竹马舞深受专家的好评，2018年9月，受到山东省文联、山东省舞蹈家协会表彰。多年来，道口铺竹马舞在聊城市举办的各项活动和非遗展演活动中多次获奖。现如今，表演竹马舞的艺人日渐稀少，其中大部分艺人年事已高，舞蹈技艺后继乏人。而且掌握动作的年轻人少之又少，组织者缺乏资金投入，组织活动也有一定困难，传承发扬下去面临难题。道口铺竹马舞是东昌府区民间舞蹈的一种表现形式，是丰富和发扬民间舞蹈不可或缺的载体，是农村文化娱乐活动的重要组成部分，对丰富山东省民间艺术的文化积淀，推动文化事业的全面发展，促进文明建设，提高人文素质都将产生重要的促进作用。

二、泰山糖画

糖画，顾名思义就是以糖做成的画，亦糖亦画，可观可食。作为一项中国的传统民间手工艺，糖画以糖为材料进行造型。一口锅、一个勺、一块板子、数扦子，这就是糖画艺人的全部家当。始于明末清初的泰山糖画是中国最具代表性的糖画派系之一，并于2021年成功申请成为省级非遗项目。家住山东东平的张常勇是泰山糖画的第五代传承人。张常勇将工作室开在了山东泰安的西湖景区，为的是让更多的游客领略泰山糖画的魅力。根据泰山糖画的作画需求，张常勇对中国糖画的传统用具进行了升级，既方便了携带，又提高了效率，减负而不减质。制作糖浆需要好几个小时，为了省下更多的时间来作画，张常勇通常事先将糖浆制成糖片带到工作室中，只需几分钟将糖片化开便又有了热乎的糖浆用以作画。糖画的技法讲究的是胸有成竹、一气呵成，不得犹豫迟疑。随着勺子的移动，糖丝自由播撒，涉笔成趣的画作便跃然而出。画成之后用铲刀适度压制，精雕细琢，把多余的糖丝去除之后将其铲起，随后用一根竹签沾上少许糖浆粘在糖画背面，再用铲刀压制固定，使竹签与糖画完全黏合。张常勇擅画中国十二生肖、花鸟鱼虫，这类图案早已深深刻在他的脑中。张常勇在坚持传统形象经典制法的同时，也会推陈出新，创造出更多有趣的形象。随着2022年北京冬奥会的举办，冰墩墩形象的糖画便成了当下的一大卖点。为了便于保存，他会给作品套上定制的泰山糖画包装纸，包装好的糖画与空气隔绝，能够存放一个月之久。这些惯用的糖画形象当然不足以满足所有消费者的需求。张常勇还会请顾客给出自己想要的图案，为的是融入更多的趣味性，让更多人了解糖画艺术。对于泰山糖画的保护和未来的市场发展，他早已在心中做好了规划。

三、潍坊年画

潍坊年画，国之瑰宝。潍坊年画是潍坊地区非常宝贵的不可替代的文化资源。潍坊年画，过去也叫潍县年画或杨家埠年画。在划分艺术范畴时，有按文化类型来划分的，有按工具材料来划分的，有按艺术风格来划分的，唯独年画用时间概念、过年这种概念来划分艺术的品类画种。年画除了包含特殊的时间概念以外，还包含着丰富的文化内涵。潍坊是中国三大年画产地之一，三个不同地域的年画代表着三个不同的艺术取向，潍坊年画代表着前现代社会即农业社会的经济发展与历史风貌。天津杨柳青年画反映的是宫廷元素，苏州桃花坞年画更趋向表现江南经济发达地区市民、士大夫的某些文人元素，包括材料，不像潍坊年画这么概括、提炼、夸张和强烈。曾经有研究者很仔细地研究了梵高临摹的一些中国民间年画，发现似乎年画的风格风貌，更多的是杨家埠这种年画的风格，更接近河北、河南、四川、山东聊城东昌府的风格。总之，潍坊年画在世界上引起了广泛的注意，而且据现有定论，目前收藏潍坊年画最多的地方是俄罗斯圣彼得堡的东方博物馆，收藏量世界第一。20世纪初期，西方列强就曾派大量的文化使者常年关注杨家埠年画，潍坊年画有多少可能性，还有待深入挖掘和研究。

（一）潍坊年画的地域特色

潍坊年画，从制作形式上，主要包括杨家埠木版套印年画和高密年画。高密年画，包括扑灰年画、半印半绘年画和木版套印年画。潍坊杨家埠木版年画，起源于明代，繁荣发展于清代后期，清代后期特别是光绪年间达到鼎盛时期。

当时杨家埠有150多家年画店，年销量达到七千多万张，形成了一个非常大的年画市场。据杨家埠村志记载，清代后期，杨家埠成为全国三大画市之一。为了管理好市场，当时杨家埠成立了画行，画行是专门管理年画市场的。当地形成了非常大的交易市场之后，周边的一些年画产地，包括聊城、平度和高密的木版套印年画也都来市场进行销售，影响了杨家埠年画的销售，所以专门成立画行管理市场，其中有一条规定是外地木版套印年画不准在市场销售，表现出杨家埠木版年画市场的盛况。杨家埠木版年画中的木版套印年画是最主要的，同时还有半印半绘年画。半印半绘年画主要是大幅的，如水浒108将的四连屏长1.1米，高60厘米，这类年画上海图书馆收藏得最多，大概有120幅。木版套印主要是年节用的，如过年张贴的神像类年画、吉祥类年画；半印半绘年画主要是过年之后春天制作出来的年画，有些是一年四季可以张挂的，如中堂、条屏，能反映故事情节的戏曲类年画等。潍坊非常有特点的高密年画中，高密扑灰年画是代表，把文人画和木版年画结合在一起，一个年画同时存在着三种不同的制作形式和三种截然不同的艺术风格，非常难能可贵，填补了中国年画的空白。高密扑灰年画、木版水墨年画都是全国独一无二的。

（二）古版年画之美

高密扑灰年画的扑灰只是绘制的一道技艺，严格来说是扑灰手绘年画。也就是说，潍坊年画，从手绘年画到半印半绘再到木版套印，是一个发展延续的历史。年画最早的品类是门神画，包括灶王。民以食为天，汉代时，在民间和宫廷中门神就形成了一种特殊年画品类，有画虎于门悬苇索，有画神荼郁垒在门上，但那个时候没有雕版印刷，都是直接画在门上，汉代时门画已经形成。潍坊手绘年画中，扑灰年画和杨家埠木版年画的关系，是近几年年画研究学者不断深入探讨的一个课题。中国艺术研究院的王海霞来山东做田野调查时提出，高密扑灰年画，扑灰做稿的技艺早在宋代就已出现，也就是那时的画师们为了把画稿传承下来，会用扑灰的技艺。如果梳理中国的绘画史，会发现宋代和清代、元代大量的传统绘画题材是相似的，尤其是人物画。所以现在研究年画就是以木版年画和版画的历史为线索来研究。但潍坊不但有木版年画还有高密手绘年画，在一个地域出现这么多年画的样式，从最古老的手绘年画到后来的半印半绘再到木版套印的年画，历史的过程到底是怎样，现在放到中国文化史或者绘画史中去探究，也许能找到一些渊源。比如在潍坊地区，现在的年画题材表现为儒释道三教融合。儒教，潍坊地区本身就是齐鲁文化的腹地，儒家五常仁、义、礼、智、信，这些在木版年画题材里都有充分体现。佛教，高密年画和杨家埠木版年画都有很多佛教题材，或者三教融合的题材，比如青州、临朐，还有诸城出土了大量的南北朝时期佛教题材画像石，以及汉代的砖画。潍坊地区的佛教题材摩崖石刻、佛教画像石的造像，跟中原地区，如河北、陕西、山西等地区同时代的造像非常接近。潍坊有这么独特的文化现象，所以形成潍坊年画丰富的样貌。

潍坊年画题材形式非常丰富，表现形式多种多样。有绘画性的表现，有工笔重彩的表现，如家堂、财神神像画，也有半工半写的表现，还有写意。中国传统绘画的工笔重彩、文人画的写意在潍坊地区的年画里都有体现。中国的绘画是从上往下延续的一个过程，从最早的宫廷院画，到文人画、庙宇壁画，然后这些绘画再从上而下逐渐在民间传承发展，潍坊年画是中国传统绘画从宫廷画到文人画再到逐渐延伸到民间的活样板。这是潍坊古版年画保留下来对整个中国绘画体系、文化体系具有特殊意义的地方。潍坊年画的悬挂和装裱形式，也体现了丰富性和多样性。杨家埠木版年画，因为受木版套印的限制，大部分都是小幅的，以斗方、横披为主，因为展开来横着放比较方便操作。但高密扑灰年画和半印半画，更多是竖幅的大型年画，既可以贴又可以挂，所以就带有非常庄重、庄严的仪式感。以前过年的时候，当把家堂请出来挂起来时，或敬天祭祖，或表现对美好生活的向往，或镇宅辟邪，过年的气氛就有了。潍坊的古版年画经常叫孤本年画，因为都是不可再生的宝贵文化资源和艺术资源。潍坊有非常多的文化现象和艺术现象，前人已经做了很多积淀，现在遇上更好的文化大繁荣大复兴时期，更应该把老祖宗留下来的这些宝贵文化遗产传承和创新下去。

（三）年画近代创作发展的新气象

过年，有了年画就有了浓浓的年味。每逢新春，人们纷纷换上新的年画，从大门到厅房，一张张色彩艳丽、欢庆吉祥的年画既承载着中国人最质朴的情怀，也寄予着对未来美好生活的期盼。作为一种古老的民间艺术，千百年来年画的内容越来越丰富，种类也越来越多样。除了门神、财神、灶神等神仙外，孟母教子、白蛇传、杨家将等历史故事也进入了年画，年画除了被用于敬神祈福之外，与老百姓的生活联系也越来越紧密。山东的年画，除了门神、财神、灶王爷、天地主神、历史故事，还有很多与农村生活密切相关的内容，如戏曲故事、三国故事、水浒故事、封神演义故事，老百姓在民间喜闻乐见的戏剧曲艺里表现的题材内容，在年画里几乎都有，年画不光是贴在墙上的装饰，也承载了很多文化。数百年来，年画都是民间自发形成、发展和延续的，20世纪中期，专家学者的介入快速地推进了年画新貌的变异和发展。中华人民共和国成立初期，山东省有关专家到访潍坊，创作了一批新年画，改革开放初期，专家学者再次介入了民间年画的创作和发掘。20世纪80年代以后，出现了一个比较典型的在全国有名的潍坊新年画，如臧恒望的《三月三》、王法堂的《自古英雄出少年》，这些专业的画家充分沿用了杨家埠传统年画的色彩、夸张造型、平面构成等，加入了一些现代人的审美观念，使新年画在全国产生很大影响。

四、莱芜木版年画

木版年画是中国传统的民间美术，距今已经有一千多年历史了。莱芜木版年画分为勾、刻、印、画、裱五个步骤，各个步骤环环相扣、紧密相连。木版年画一般是以梨木为主，版子要刻出年画的样，因此这个版应非常坚硬、非常细腻，而且线条不易脱落。莱芜木版年画构图饱满、线条精细、颜色鲜艳。2018年莱芜木版年画被申请为市级非遗，2021年被审批成为省级非遗。

第三节　山东历史文化资源

山东简称鲁，也称齐鲁大地，大禹将天下分为九州时，山东属于兖州、青州和徐州。历史上山东能够崛起离不开一个人的努力，这个人就是历史上最传奇的人物姜太公。到了齐桓公时期，在管仲的治理下，齐国更是一度达到了通货积财、富国强兵的程度。到了西汉，山东的粮食不断沿黄河西溯，供应关中，山东更是汉代"丝绸之路"的重要发源地之一，以临淄、定陶、亢父三大纺织中心为首，山东的大量精致纺织品源源不断地运往西域。历史上山东的文化影响力更是首屈一指。春秋时期，百家争鸣正是起源于山东，世界上最早的官办高等学府——齐国的稷下学宫便是典型代表，其孕育出来的儒家文化影响了中国几千年的历史进程。山东更是圣人的摇篮，出现了很多圣人如至圣孔子、亚圣孟子、兵圣孙武、书圣王羲之、智圣诸葛亮，被称为孔孟之乡、礼仪之邦，因此在评选全国和十大文化大省时，山东稳坐第一把交椅。

一、东方圣地

孔子，名丘，字仲尼，中国著名的教育家、思想家、政治家。儒家文化是山东文化之根，每个山东人的身体中都流淌着儒家文化的血液。孔庙现为国家5A级景区，始建于鲁哀公十七年（公元前478年），经历代增修扩建。孔子墓封土呈偃斧形，汉代设祠坛建神门，宋代刻制石仪，元代立碑、作周垣、建重门，明代重建享殿墓门，添建洙水桥坊和万古长春坊，孔林丰富的地下文物，对于研究中国墓葬制度的沿革和古代政治、经济、文化、风俗、书法、艺术等都具有很高的价值。曲阜是一个文化氛围厚重的地方，也是孔子生活过的地方。杏坛是孔子讲课的地方，相传孔子弟子三千，贤人七十二，孔子当时就坐在杏坛里边弦歌讲课。院内有一棵高耸挺拔的桂树，相传为孔子所栽，杏坛前边又有四棵杏树，所以谓为杏坛。后来孔子的弟子以及再传弟子，把孔子及其弟子的言行和思想编辑成儒学的经典，就是今天看到的《论语》。为了改善文物的保护环境，充分地发挥文物的文化价值，2019年9月6日，孔子博物馆正式开馆。孔子博物馆的开馆也是一个新"杏坛"的建立，给群众、游客、给广大的儒家文化爱好者创立了一个学习儒家文化、感受孔子思想的场地。

山东，作为儒家文化的发源地，处处渗透着崇文、尚礼的孔孟之道，同时也潜移默化地影响着世代居住于此的人们的一言一行。走进以曲阜和邹城为代表的"东方圣城"，如同置身于一座没有围墙的礼教大课堂。举手投足间，自然而然地儒雅起来，源于周公、胜于儒家的仪容典范，在这孟府汉服冠礼和笄礼重现的步步摇曳中显得格外动人。保存完好的曲阜孔庙、孔府和孔林不仅象征着"孔氏"家族绵延了千年的荣耀,也成为令历代读书人肃然起敬的祈愿圣地。来自四面八方的学子,在那些醒目的红色祈愿台上,一笔一画地描绘出"学业有成"的美好心愿,亲手悬挂于孔庙大成殿前。颇为有趣的是,甚至可以从中发现外国人的影子。无论朝代更替,接踵而赐的御碑是对儒家文化始终如一的尊崇,这一缕坚韧的文化余脉,成就了孔氏之后的能人辈出。虽然孔氏的后裔早已搬出了祖居的孔府,人们仍能在府里的某个小院落内发现他们的身影。从金石篆刻到挥毫泼墨,以文化传承交结四海宾朋。在这提笔、落刻之间,他们默默讲述着孔家难以言尽的传奇,继承并发扬了"至圣"孔子"有教无类"的平等思想,"亚圣"孟子"民贵君轻"的主张。作为孔子的孙子孔汲的徒孙,孟子的成功似乎更多地归功于不惜三迁、愤然断机的母亲仉氏。这位"亚圣"之母同样开启了"子不教母之过""父母同责"的现代教子经。儒学是中国的也是世界的,儒学是以"人"为核心的道德文化。艺术当随时代,传统亦需传承,希望通过对当下曲阜的呈现,可以让更多的人踏上这片土地,感受这里的一切。孔子被列为"世界十大文化名人"之首,思想世界闻名。有人说,教育就像养花一样,一边养一边看,一边静待花开。如今每逢寒暑假或是双休日,孟府的习儒馆都会定期举办国学修习班。聆听童声齐颂弟子规的琅琅书声,让人不禁感叹教育的确需要耳濡目染,这也是科技再发达都无法替代的人文软环境。大力宣传孔子文化是齐鲁大地弘扬优秀传统文化、营造和乐氛围、构建和谐社会、凝聚民族精神的具体行动。相信不久的将来,孔子思想会在世界各个角落开花结果,也会有更多人因为孔子走进山东、了解山东、爱上山东。

二、水浒故里

纵观齐鲁大地,与儒家孔孟之"仁"齐肩并存的当属水浒英雄的兄弟之"义",一文一武滋养着山东人尊崇儒雅却又不失豪爽的性情。曾经的黄河泛滥溢出了八百里水泊,贯穿梁山、郓城、东平、阳谷几县,不只藏护着一百单八好汉,还孕育了此地自幼习武,碗酒酣畅的彪悍民风。"水浒故里"将史诗一般的传奇鲜活地复现在人们面前,做一回英雄好汉就是这么容易。如今的梁山脚下早已褪去了浩渺烟波,倒是多了满山赞颂英雄、抒发豪情的摩崖石刻。

舒同先生题写的"水泊梁山"四个大字，苍劲有力，与之遥相呼应的是著名书画大师范曾撰写的《水泊梁山记》。而今，若想领略梁山好汉的兄弟豪情，一定要到郓城逛逛。这座享有"中国好汉之乡"美誉的小城，不仅是水浒头领晁盖、宋江、吴用等人的故里，也是一处藏龙卧虎之地。

三、华夏龙城

诸城，位于山东省潍坊市的东南端，因上古名君舜帝出生于城北的诸冯村而得名。这座孕育了上古先贤的小城，是一座埋藏着大量恐龙化石的自然宝库，与之共存的还有异彩纷呈的珍贵矿石。这一方神奇的沃土就连酒杯里飘散出的都是独特的芝麻香。穿越梦幻的时空隧道，走进诸城恐龙国家地质公园，这里不仅展示有鸭嘴龙头骨以及年代久远的鸭嘴龙股骨化石，人们还可以从一个个恐龙脚印、恐龙蛋中探寻到恐龙生活的蛛丝马迹。诸城恐龙国家地质公园的镇馆之宝——"龙立方"的意外发现令科学家们欣喜若狂，重约30吨的粒岩中镶满了一整只鸭嘴龙身体各个部位的化石，这种称霸地球长达1.6亿年之久的古老生物，以其雄壮的体魄成为神秘力量的象征。在民间素有"拜拜龙头好运当头，摸摸龙骨安康幸福"的说法。毗邻龙立方的是诸城恐龙化石发掘现场的遗址，一条长达五百多米的恐龙化石长廊中，坚实的隆起带截面裸露出一万多块化石，一块块错落叠加的恐龙化石，宛若陆地上的星座，同样蕴藏着自然的密码。与这"地下宝藏"同样令人称奇的还有毗邻诸城的景芝镇特产的芝麻香型白酒。这座齐鲁名镇自古便以酿酒的72口烧锅驰名，并因此商贾云集，富甲一方。步入景芝镇上的齐鲁酒地，五千年酒香氤氲扑面而来，设计颇具奇思妙想的各式酒瓶珍藏一一呈现在人们面前。从"思酒"的孔子到"把酒问青天"的苏轼，与酒文化相关的诸多历史故事令人沉醉其中。更加令人瞠目结舌的是此地丰富的矿产资源，潍坊昌乐县以高达数亿克拉的矿石储量，享有蓝宝石之都的美誉。临沂平邑县的天宇自然博物馆，则收藏展示了世界各地上万件珍奇矿物标本，多项入选吉尼斯世界纪录。天地精华尽数汇集在"华夏龙城"这片神奇的沃土之中。

四、齐国故都

三千多年前，"百家宗师"姜子牙助武王伐纣，攻城封齐。两千多年前，这里诞生了东方最大的城市。巨商富贾云集，从"春秋五霸"到"战国七雄"八百余载兴衰史，封存了齐国俯首皆是的"地下宝藏"，随着金戈铁马呐喊嘶鸣的淡然远去，山东淄博已然化身为一座可以聆听时光讲述旧事的悠然古城。曾被乾隆皇帝封为"天下第一村"的周村是齐国故都延续至今的一个商业传奇。遍布于古老街巷中的古代商业建筑，被中国古建筑保护委员会专家赞誉为"中国活着的古商业街市博物馆群"。兴于宋元、盛于明清的周村大街，待到近代开埠更显地位重要。丝市街是当时山东蚕丝交易最繁盛的市场之一，堪比"华尔街"的银子市街，最兴盛时汇集钱庄票号多达百余家。如今的周村虽已褪去了昔日的光环，却仍保留着大染坊、刻瓷等一系列手工艺店铺。与这传统相碰撞的是"90后"的周村年轻人用非洲鼓敲击出的欢快节拍，汇聚与包容仍是这座"旱码头"千年不变的关键词。

不变的还有着一千八百多年历史的"周村烧饼"。可以用一分钟的时间吃完一片的0.5毫米厚的周村烧饼，一个足够熟练的工人却要在不到10秒的时间内双手翻飞，完成一系列动作。全靠手工无法量产是周村烧饼的局限，也使其保留了弥足珍贵的原生味道。淄川是旧时济南到青州官道的中转之地。当年胸怀奇才却屡试不第的蒲松龄，在这古道柳泉之畔，假借凉亭设摊儿收集起客商们天马行空、信口开河的故事。这些源自客商的采风，最终成就了流传后世的《聊斋志异》。而今在淄川的聊斋城内，不仅可以寻访到蒲老先生当年的故居和墓园，了解《聊斋志异》的创作背景，还可以在柳泉的古道旁亲临蒲松龄当年设茶摊采风的现场，听一段离奇故事，品一首聊斋俚曲。齐国故都的泱泱大风竟也变得格外温柔起来了。

五、蒲松龄故居

蒲家庄原名三槐庄，始建于宋代，据康熙五十二年（公元1713年）蒲松龄撰写的《募建龙王庙序》记载："淄东七里许，有柳泉，邑乘载之，志胜也。水清以冽，味甘以芳，酿增酒旨，瀹增茗香。深丈许，水满而溢，穿鳌石，潆瀺而焉，故土人又名满井。"淄博是蒲松龄的故乡，蒲松龄也是山东人引以为傲的杰出文学家。郭沫若1962年题写的"蒲松龄故居"金字匾额高悬于故居大门，院内月门花墙，错落有致，山石水池，相映成趣。北苑正房三间，为蒲松龄的诞生处和其书房"聊斋"，室内陈列着他74岁时的画像，上有其亲笔题字，其他院落为新建的陈列室，展出蒲氏家谱、蒲松龄手稿和其多种著述、聊斋学研究著作，以及英、俄、日、法等外文版本，当代文化名人老舍、臧克家、丰子恺、李苦禅、启功等书画家为故居所作的书画、题词百余幅。来到蒲松龄故居，感受到更多的是一种文化氛围。漫步于此，可以避开城市的喧哗，沉浸在蒲松龄笔下的鬼狐仙妖的别样意境之中。蒲松龄故居是典型的北方乡村院落，但是承载了更多历史文化内涵，美不仅是外在形式，更多的是文化内涵之美。

1961年，蒲松龄故居被公布为山东省重点文物保护单位，1980年成立蒲松龄纪念馆。沿故居门前的石板路东走一百米至聊斋园，聊斋园占地三百六十余亩，园内景点主要有蒲松龄艺术馆、狐仙园、石隐园、满井寺、观狐园、柳泉、蒲氏墓园、聊斋宫等，其建筑独特新颖、恢宏壮观。"柳泉"是蒲松龄先生三十岁到四十岁创作《聊斋志异》的场所。来到这儿以后首先会体会到蒲松龄先生创作时的清新雅致，泉旁的蒲松龄先生像展现出山东籍的名人、文化人的形象。首先从人物的骨骼结构，包括穿着服饰，体现出山东大汉独有的精神面貌。严谨是创作者追求的一种匠人精神，核心是专注、严苛、极致，后人应该把这种态度坚持下去。创作好的作品，用影视、动漫赞美山东、宣传山东，才能无愧于这个时代，承担起作为艺术工作者应有的社会责任。蒲松龄的一生经历坎坷，但又富有乐观精神，穷其一生创作《聊斋志异》，他为中国、为世界创造了宝贵的中华民族传统文化的精神财富。近年来，山东省淄博淄川区创新打造了全省首家区县级"互联网+文化"数字化平台"淄川文化云"，重新修缮了柳泉旅游文化园景区，用"文化+科技"的现代化手段进一步升级了公共文化服务模式，更好地讲述着聊斋故事，推广和传播着山东大地上的人文和景观。

第四节　山东自然文化资源

山东的自然文化景观资源非常丰富，也很有特色，主要有山、泉、湖、海文化等。根据2018年数据统计，其中风景名胜区国家5A级13个，国家级自然保护区7个，国家森林公园48个。

一、泉城济南

在泰山北麓这片土地上，群峰绵延，众水汇流，泉水润泽着人类，孕育着文明，最终几经演变汇聚成了今天的文化名城——济南。泉水就如同这座老城的血脉，千百年来源源不断地给济南注入灵秀之意和旺盛活力。

趵突泉，济南三大名胜之一，位于济南市中心繁华地带，园内泉水众多，除了有天下第一泉之称的趵突泉，还有庶豫泉、金县泉、白龙泉、柳絮泉、黄滑泉、马跑泉等三十多个名泉。而且公园内奇石林群、楼阁玲珑，遍植奇花异草，堪称北方园林的代表之作。其中万竹园、沧源、上至书院等庭院各具特点，让游客在观泉的同时感受着泉城千年文脉传承的文化魅力。

万竹园坐落于趵突泉公园西南面，占地面积1.2万平方米，该园有三套院落，13个庭院，有五桥、四庭、怡花园及望水泉、东高泉、白云泉等名泉。前东西三院成品字形排列，是一座集北京王府、南方庭院、济南四合院建筑特点糅合而成的建筑群。其庭院内的竹林与湖石尤为出色，令人流连忘返。万竹园始建于元代，历经几次复建，园内建筑玲珑雅致、古朴清幽。园内植有木瓜、石榴、翠柏、芭蕉等多种花木，当然这中间属竹林面积最大。花园虽小，但视野开阔，小中见大，是繁华嘈杂的都市里一处难得的清新之地。当代著名大写意花鸟画家李苦禅纪念馆就设于万竹园内，现展出书画作品四百余件，其中盛夏图、红梅怒放图、情雪图等都是画家的精品力作。竹子是中国画梅、兰、竹、菊四君子之一，是自古为人气节的代表，竹子的空心，代表虚怀若谷的品格。绿竹常青也有生生不息、生命永驻的美好寓意。竹，有幽静的气质、虚心的品格和坚韧的操守，恰似低调谦虚的山东人。更重要的是竹有着蓬勃向上的

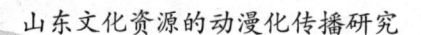

生命力，无论什么艰难险阻都无法阻挡竹笋破土而出的动力。正像当前在加快新旧动能转换、走在前列飞速发展的山东，将承载更多泉城的文化气质与底蕴，把更丰厚的硕果展现在世人的面前。

位于济南市历下区旧城区北部的大明湖历史悠久，是济南的三大名胜之一，湖名见诸文字已有一千四百多年。北魏郦道元编著的《水经注》中称为"历水陂"，唐时称莲子湖。北宋文学家曾巩称为"西湖""北湖"。金代文学家元好问在《济南行记》中称其为"大明湖"，从此沿袭该名称。大明湖胜景自唐代起就名扬四海，被各地名士誉为"天下第一湖"。宋时曾巩曾有诗道："问吾何处避炎蒸，十顷西湖照眼明。"❶其水中有芦苇、蒲草、莲藕等二十余种植物，其中荷花尤为著名。清刘鹗❷题大明湖沧浪亭的对联，"四面荷花三面柳，一城山色半城湖"，就是称赞大明湖的景色之美。大明湖四季分明，景色独秀，荷花盛开时候的大明湖风景更是别具一格。荷花是济南市的市花，大方温婉，深受济南人民的喜爱。荷花并不那么艳丽照人，光彩夺目，多是淡淡的温情，真切而又谦卑。那种出淤泥而不染的品质始终影响着这个城市的人们。在大自然里，面对平凡朴素的花草悠然独坐的时候，人们会忘却尘虑，清虚寂空。心与物相融，在心底能听到叶子在空气中微微抖动的声音。这种精神沉寂而又超然于物外的逍遥状态，恰恰是心灵自由的状态，真正的生命精神就此得到呈现。而此时的所感所想所得付之于作品，正好是一种芃芃野逸的境界，充满着"生生不息"的精神。中国艺术精神的宗旨正是体现这种生命的意向，而花鸟画更是以此为旨归。大明湖景观众多，诸如历下亭、北极阁、汇波楼、嫁轩祠、超然楼、铁公祠、遐园、南丰祠等三十余处名胜古迹。因为南临历山而得名的历下亭位于湖中小岛上，三面荷塘，四面柳浪，小桥流水，莲花溢香。漫步在大明湖畔，总会有这样的感慨，荷花与周围的和谐统一，让人仿佛置身一幅浓郁的花鸟水墨画中。1957年，大明湖正式建为公园，2010年大明湖南岸扩建改造，新增湖面9.4公顷，陆地20公顷，如今恢复重建了超然楼、明湖居、闻韶驿

---

❶ 出自宋诗人曾巩的《西湖纳凉》。

❷ 刘鹗（1857年10月18日—1909年8月23日），清末小说家。谱名震远，原名孟鹏，字云抟、公约。后更名鹗，字铁云（刘铁云），又字公约，号老残。

等众多历史文化古迹，原有的超然楼始建于元代，复建后建筑面积5673平方米。至此，大明湖由"园中湖"变为"城中湖"，几经修缮美化后的大明湖景区现已免费对游客与市民开放。而大明湖的变化正是济南这座城市变化的缩影，随着时间的进程，温文尔雅的荷花与这座城市奋进的人们一起，在华夏大地上创造出一个更加完美的泉城形象。

在济南市章丘区，有一处泉水圣地——百脉泉。潺潺泉水，盛名在外。宋代曾巩称："岱阴诸泉，皆伏地而发，西则趵突为魁，东则百脉为冠。"能够与天下第一泉趵突泉相提并论，百脉泉在济南泉群中的地位可见一斑。百脉泉有着悠久的历史，北魏地理学家郦道元在《水经注》里说"水源方百步，百泉俱出，故谓之百脉水"，这样的奇观是大自然给这方热土的一份丰厚的馈赠。有了百脉泉这样的天然美景，位于章丘区明水街道的百脉泉公园，也就成了中国北方独具特色的泉景公园。园区包含清照园、龙泉寺、荷花公园等景点，移步换景，美不胜收。正所谓"地灵人杰"，灵动的泉水孕育出了灵秀的女子，"千古第一才女"李清照就诞生在百脉泉边。如今，百脉泉公园内的清照园就是为纪念她而兴建的。园内设有李清照纪念馆，门外东侧复原了李清照父亲李格非的《廉先生序》碑。清照园以泉水为主题，园内1500平方米的水面由漱玉泉、梅花泉汇合而成，环水而建的楼台亭榭多以李清照诗词中的名句命名。

李清照是济南著名的"二安"之一，号易安居士。实际上在普通老百姓心中，每个人心中都有一个李清照的形象。最早最容易融入老百姓心中的李清照形象就是"误入藕花深处"的那首词中的少女。李清照的形象每一个人有不同理解，但是创作者所创作的形象应既能符合百姓的审美、符合大众的认知，还能够保持一种学术性，保持一种道具形象。传统历史的考究，包括宋代服饰的样式，都是在创作当中需要考虑的问题。

李清照，宋代女词人，出身于书香门第，从小耳濡目染，打下深厚的文学基础。青年时期生活安逸，后金兵入侵中原时流落南方，境遇孤苦。所作词前期多描写悠闲生活，后期多悲叹身世与感伤。李清照善于移情于物，更多地采用比拟的方式，借景抒情，借物明志。其词流传至今只不过四五十首，但却"无一首不工"成为宋词的一座高峰。孔子曾经在《论语·雍也》中说过："质胜文则野，文胜质则史，文质彬彬，然后君子。"

章丘历史悠久，是千年古县和龙山文化的发现地、命名地，李清照、孟洛川等一批文化名人和商人就出生在章丘。章丘在聚力融合中全面推动绿色发展、加快新旧动能转换，把经济社会发展同生态文明建设相结合，李清照的故乡章丘正在加速拓展，城市功能逐步完善，一个特色鲜明、功能完善、生态优美的章丘正在崛起。

千佛山，位于济南市中心南部，是泰山的余脉，海拔285米，占地166.1公顷，与趵突泉、大明湖并称济南三大名胜，是国家4A级旅游景区。山中空气清新、树木葱郁、鸟语花香。如果说泉城广场是济南的大客厅，那么千佛山就像是泉城的一座绿色屏风。古称千佛山为历山，相传上古虞舜帝为民时，曾躬耕于历山之下，故亦名舜山或舜耕山。隋开皇年间，依山势雕刻了数千佛像，所以称为千佛山。智者乐水，仁者乐山，地处泉城市中心的千佛山与泉水一静一动交相呼应，不仅彰显出齐鲁大地厚重的文化风韵，也体现了山东人的智慧变通与仁义平和。踏入千佛山，仿佛令人瞬间忘记了城市的繁华与喧闹，寻幽觅静，妙趣自生。青山微微，古韵悠悠，沿青石铺成的山路行走，远处的景色常让人产生遐想。四季的千佛山风韵各异，而在冬天这里更多了一丝宁静之美。半山腰的唐槐亭建于1957年，匾上"唐槐亭"三个字是原中国书法家协会主席舒同先生于1981年来千佛山时题写的。顺着石路行走，有一彩绘牌坊，这里即为"齐烟九点"坊，登到山顶，环顾四周，让人胸襟开阔，便觉与云天更近了。远眺看到的更多是城市的发展，一个现代化的济南尽收眼底。正如老子所说，"道之为物，惟恍惟惚，惚兮恍兮，其中有象，恍兮惚兮，其中有物，窈兮冥兮，其中有精，其精甚真，其中有信"。如果说济南的灵动离不开泉水，那么泉城的聪慧与气势应该非千佛山莫属。容山泉湖河城于一体，这是大自然对济南的独特馈赠。江山本如画，内美静中参。从城郊山到城中山，岿然不动的千佛山，俯瞰着越来越繁华的天际线，见证着济南的发展，记录着时代的变迁。

二、聊城东昌湖

东昌湖是中国江北地区罕见的大型城内湖泊。东昌湖的景色是聊城的一大特色，千顷湖水清如许、明如镜，垂柳、荷花、芦苇，以及芃芃之气的野草野花，使东昌湖呈现出自然灵动之美。东昌湖湖区有八个岛屿，东昌湖环绕着东昌古城。东昌湖文化内涵深厚，风景优美，这也正是聊城城市的缩影。在这里，历史上曾出现过许多杰出人物，如明朝宰相朱延禧，抗日民族英雄范筑先，著名学者和社会活动家傅斯年，领导干部的楷模孔繁森等。相信在这块人杰地灵的美丽土地上，会有更多的才人志士诞生，为江北水城、为齐鲁大地增光添彩。

三、威海刘公岛

刘公岛，位于山东半岛最东端的威海湾内，素有"东隅屏藩"和"不沉的战舰"之称，是全国爱国主义教育示范基地。刘公岛距市区旅游码头2.1海里，乘船20分钟可到达，面临黄海，背接威海湾。刘公岛东西长4.08千米，北陡南缓的海岸线长14.95千米，最高处海拔153.5米。刘公岛冬无严寒，夏无酷暑，气候宜人，年平均温度12.6摄氏度，岛上植被茂密，青松翠柏，郁郁葱葱，构成一幅立体流动的风景画。岛上还有国家森林公园、刘公岛博览园、刘公岛鲸馆、铁码头等众多景点，是国家5A级旅游景区。1894年爆发的甲午战争中涌现了众多爱国将士，邓世昌就是其中一位。他是我国最早的海军军官之一，是清朝北洋舰队中"致远"号的舰长，有强烈的爱国心与责任感。在刘公岛上的甲午海战纪念馆外有一座人物雕像，手拿望远镜远眺大海，就是以邓世昌为背景制作的。邓世昌是一位英勇无畏、为国牺牲的英雄。

四、东营黄河入海口

黄河，发源于青藏高原巴颜喀拉山北麓的约古宗列盆地。全长5464千米，由于河流中段流经中国黄土高原地区，因此夹带了大量的泥沙。黄色的河水与湛蓝的海水相遇，形成了独特的黄河入海口景观。如今的黄河入海口位于山东省东营市垦利区黄河口镇境内，地处渤海与莱州湾的交汇处，是1855年由黄河决口改道而成。在中国历史上，黄河下游的多次改道给人们带来了巨大的影响。黄河入海时，黄蓝泾渭分明，在阳光的照耀下五彩斑斓。每年黄河造陆200公顷，充分演绎了真实的沧海桑田，而形成的陆地自然风貌奇特，成为一道魅力独特的风景线。黄河入海口的壮丽与长河落日的精美珠联璧合，堪称天下奇观。

"黄河之水天上来，奔流到海不复回。"黄河是中国第二大河，是孕育出华夏文明的"母亲河"。东营作为黄河的入海口，其景给人们的视觉体验是无与伦比的。展现新时代下的入海口，让更多的人能够来到东营这风景秀美的旅游胜地，那将是一件无比幸福和骄傲的事情。如今的黄河入海口已发展成为一个美丽富饶的地方，一个具有天然资源的红色胜地，拥有黄金海岸等众多优势的东营。新时代背景下的东营迎着朝阳正在展现着更加美好的明天。

五、枣庄冠世榴园

枣庄冠世榴园是一方美丽、富饶、英雄的土地，位于山东省南部，东依沂蒙山，西临微山湖，南接两汉文化胜地徐州，北临孔孟之乡曲阜、邹城。如今，枣庄峄城石榴种植面积18万亩，有石榴树700余万株，堪称天下一绝。冠世榴园生态文化旅游区坐落在峄城西绵延十多千米的向阳山坡上。据《博物志》[1]记载，石榴原产西域，汉武帝年间，张骞从安石国引入中原，后经汉相匡衡从皇家上林苑引至家乡栽培，至今已两千余年。万福园是榴园的发祥地，这里三面环山，曲径通幽、清泉甘美、恍若仙境。园中亭阁错落有致、古色古香、典雅大方。百年的古石榴树在经历过风雨的洗礼与岁月的雕琢后，千姿百态、苍劲奇崛，让人不禁感叹时间的奇妙。石榴树生命力非常顽强，它的美不是昙花一现，而是贯穿于一年四季，石榴树造型奇古，苍劲矫健，石榴花花红似火、灿烂艳丽，石榴果造型圆润、满腹珠玑，石榴是艺术家们经常创作的题材。正是"冠世榴园"，使枣庄峄城成为著名的"中国石榴之乡"，成为枣庄最亮丽的一张县域经济名片和通往国内外的绿色通行证，小小的石榴带动这里的经济快速发展。随着时代的变迁、城市的发展，人们对于美的认识、对于生命的理

---

[1] 由西晋张华编撰，为我国第一部博物学著作。

解正发生着日新月异的变化。人们赋予石榴平安、吉祥、美好的象征寓意，也寄托了奋斗后会获得累累硕果的美好祝愿。

六、菏泽曹州牡丹园

牡丹，色泽浓郁，玉笑珠香，大气潇洒，富丽堂皇，素有"花中之王"的美誉，因其花大而香，故又有"国色天香"之称。菏泽，古称曹州，是中国牡丹之都，牡丹栽培在菏泽已有近千年历史，起始于隋，兴于唐宋，盛于明清，自古享有"曹州牡丹甲天下"的美誉。曹州牡丹园坐落于菏泽市牡丹区人民北路，是菏泽面积最大、品种最多的牡丹园。南部的国花馆是国内唯一的牡丹主题博物馆。如"唯有牡丹真国色，花开时节动京城"[1]等赞美牡丹的诗句在古代文学史中比比皆是，不胜枚举，因此牡丹在清朝末年就戴上了国花的桂冠。菏泽曹州牡丹园的牡丹尤为出名，这里牡丹的品种繁多，可以根据色泽来分品质，以黄、绿、肉红、深红、银红为上品，尤以黄、绿为贵。到了五月，园中的芍药也丝毫不逊色。芍药含苞时安之若素，盛开时倾其所有。古代形容美女就有"立如芍药，坐如牡丹"一说。

据相关资料显示，菏泽是世界上面积最大、品种最多、花色最全的牡丹生产、科研、出口基地和观赏旅游区，这些花卉不仅销往全国各大城市，并远销欧美等国。随着时代的发展，菏泽正发生翻天覆地的变化，牡丹机场的开通让更多人认识了菏泽，同时让这座城市的芬芳洒向世界，乘着新时代的春风，让我们一起走向更加绚烂的未来。

七、沂蒙山

沂蒙山，一片神奇的土地，这里奇伟磅礴、花木葱郁、山水灵秀、气象万千。沂蒙山是泰沂山脉的两个支系，可分为沂山与蒙山。沂山古称"海岳"，居中国五大镇山之首，位于山东省潍坊市临朐县城南45千米。沂蒙山不仅风光秀丽、民风淳朴，更是一片红色的沃土，其名字伴随着抗日战争和解放战争，

---

[1] 出自唐代诗人刘禹锡的《赏牡丹》。

伴随着社会主义建设和改革开放，一直到现在仍响彻华夏大地。抗日战争期间，《大众日报》就创刊在沂蒙山云头峪村。解放战争期间，在临沂蒙阴县东南部的垛庄镇泉桥村孟良崮，有红嫂、沂蒙山六姐妹等英雄人物。现在的沂蒙山是国家5A级旅游景区，不仅是红色历史文化教育基地，也是秀丽宏大、壮美风光的祖国山河的集中展现地。

沂蒙山不仅代表着壮美的山景，还代表着这一方土地上英勇的人民和朴实醇厚的民风。不管时代如何变迁，也改变不了善良与质朴。沂蒙山象征着一种不畏牺牲的精神。通过观摩沂蒙山风景，人们能从精神上、心理上得到一种洗礼，从而把这种沂蒙精神不断传承下去。如今的沂蒙山不仅是红色老区的代名词，更是新农村建设的排头兵。蒙阴樱之崮，荒山变金山，一条条生产发展、生活富裕、生态良好的发展新路在沂蒙大地上越走越宽，沂蒙秀美山水，流光溢彩，成为沂蒙乡村最大的竞争力和生产力。人们正在用勤劳的双手改变着沂蒙的山水，改变着自己的生活。

八、泰山

泰山，五岳之首，雄伟壮观，是泰山给人们的第一印象。泰山是齐鲁大地的巍峨象征，它的高耸让人生畏，它的历史让人生寂，它的秀丽让人深爱，它的灵气让人生悟。峰峦有志，泰山松柏挺拔，奇石造势，归于山中，形成了泰山天人合一的壮美画卷。

泰山位于山东省泰安市中部，北枕黄河，东眺黄海，屹立在齐鲁大地之上。主峰玉皇顶海拔1545米，格局与气势磅礴。在传统文化中，泰山有"五岳独尊"的美誉。泰山的艺术美自不必多说，中天门旁视野开阔，玉皇顶上威严峻峭。天街通途踏入云霄，泰山日出光芒照耀。在玉皇顶的东北有一静谧之处，名叫后石坞，为泰山的"奥区"，自古被称作"岱阴第一洞天"。后石坞多松柏，凸显出泰山的巍峨与庄严。闭眼聆听那阵阵松涛，沿溪可观赏色彩斑斓的带状彩石，历经岁月打磨的地质奇观，彩石平铺溪底，波光潋滟，松柏山石与溪水成为泰山显著的具象，那是一种风貌，更是一种符号，也是艺术家创作的灵感来源。岱庙的汉柏有两千年的历史，人的寿命不过百年，但是汉柏已经存在了上千年，见证了无数个历史时代，风云变幻，身上自然带有一种灵性和一种气息。在华夏文化的厚土上，在泰山的脚下这块具有灵性的土地上，在岱庙这种文化环境中，成长了两千年的古松柏是中国文化的一种象征、一种符号。只有离开喧闹的都市，来到泰山顶上，才能让大自然感化你的心灵。

泰山所呈现的就是一种坚韧不拔、一种历久弥坚，更是一种在世界和世纪的动荡当中始终立于世间的安定、平安、稳固的精神。松树接天地之灵气，而且树活千年，比能活百年的一个人所经历的要多得多。如果人和树能够对话，相信会是一种非常有意思的场景。泰山，在人们的心目中已经不仅是一种自然风貌，还代表了一种顽强奋斗的精神，一种责无旁贷的担当，成为人们心中永远屹立的"石敢当"。

九、烟台昆嵛山

昆嵛山，位于烟台市区东南 50 千米处，方圆百里、峰峦绵延、林深谷幽、古迹荟萃，是全真道教的发祥地。《齐乘》云，昆嵛山"秀拔为群山之冠"。昆嵛山国家森林公园风光秀丽、环境幽静，是一座天然的生态博物馆，山上森林覆盖率达 82% 以上。昆嵛山群山环抱，沟谷纵横、苍翠欲滴，其间溪流、飞瀑、幽谷、深潭构成了丰富的水系，常年不枯，是一座天然氧吧。九龙池是其中最精彩的一处，一股清泉发源于苍山之上，经过百丈悬崖，凿刻出九眼幽潭，形成错落有致的九处飞瀑，就像九条银龙升腾而起。山无水不秀，水令山更幽。昆嵛山有跌宕起伏的地形地貌，山上多为花岗岩，主峰泰礴顶，海拔 923 米，为山东半岛东部最高峰。面对昆嵛山这片绿水青山，最重要的就是要以当代的视角和审美情趣去发现和捕捉自然界中所蕴藏的美，这种收获才是最新鲜的、最有生命力的、最有时代感的。昆嵛山是烟台这座历史文化名城的重要名片之一，贯穿山东半岛东部，雄伟壮阔，是集生态美、人文美和革命精神于一体的迷人之地。为有牺牲多壮志，敢教日月换新天。当下我们能有安定自由的生活，离不开前辈们的流血牺牲。烟台是中国最佳避暑旅游城市，中国最宜居城市，有"人间仙境"之称，而昆嵛山就在这"人间仙境"中。这里不仅有着悠久的历史积淀，还有红色的文化传承，在新旧动能转换的历史背景下，烟台的经济、科技、文化大发展，生态不断优化，勤劳的烟台人民正走在一条可持续发展的大路上。

十、青州云门山

云门山位于山东潍坊市青州市城南 2.5 千米，是国家 4A 级旅游景区。凭借着美丽俊俏的身姿和特殊的地理环境，云门山虽不高而有千仞之势，自古为鲁中名山。王心鉴曾作诗《游云门山》："闲访云门山，悠然踏龟麟，移步皆苍翠，招手即白云，勿扰陈抟梦，恍闻范公吟，明月照青州，仙境蜕俗痕。"这首诗把青州描绘成了天上人间似的美地。进入景区首先映入眼帘的是四柱三门的牌坊，此仿古牌坊为山门，门匾额上"云门山"三个大字为著名书法家舒同题写，其字外圆内方，舒展潇洒，与这里的景色相得益彰。云门山海拔 421 米，北衔金凤山，南依劈山，东临磨脐山，向西与驼山隔着瀑水涧遥遥相望，宛如一个巨大的盆景端放在城南。据山顶碑文记载，隋朝此山就被称为云门山。从山下到山顶步行大约 40 分钟的行程，沿途风景秀丽，气候宜人，加之文物古迹众多，一路美不胜收。

云门仙境山势巍峨，漫山松柏景观棋布。著名景点有云门洞、云门献寿、观寿亭、石窟造像。主峰为大云顶，上有一个南北贯通的天然穴洞云门洞。在云门山巅之阴，有一海内罕见的巨大摩崖石刻"寿"字，人称"云门献寿"，此寿字为明嘉靖年间为衡王朱戴圭祝寿所刻。云门山有千余级台阶径直达山顶，走到这里正好是 999 节，寓意着延年益寿的美好追求。寿山福地云门山有着丰厚的内涵和文化，所在的青州市也先后获得全国县域经济百强县、国家卫生城市、国家园林城市、中国优秀旅游城市、国家历史文化名城、全国双拥模范城、国家级生态建设示范区等国家级荣誉称号，云门山的变化日新月异，从不同的视角展现着新时代的飞速发展，展现着当地人民群众幸福美满的自信与骄傲。

第二章

历史轨迹：山东文化资源与动漫艺术

> 山东文化资源主要指地方的文物古籍、人文景点、传统风俗习惯，以及宗教的建筑如庙宇、教堂等有较悠久历史的重要宗教场所。很多地方文化资源在当地跟人民生活紧密相连，尽管不是特别有名的项目，但因为有着悠久的历史和精湛的工艺，所以被国家列为优秀文化遗产。

第一节　动漫的概念更替与艺术演进

动画在中国不同时期有不同的称谓，一开始叫"卡通片"，后来叫"美术片"，今天叫"动漫""国漫"。不同的称谓涉及的是对动画概念的一种界定，称谓的不同实际上是概念的不同。概念的不同包括动画的性质和特征的不同，概念的不同直接影响到或者反映了动画整体发展过程中不同时期的一些特征。不同的特征如果联系起来，实际上又反映了整个国产动画发展的历史进程展示了国产动画是怎样从诞生到成长，最后成熟的过程。

民国时期的动画被称为卡通片，1949年到1998年，从中华人民共和国成立到中国文化体制改革之前的这一段时期，动画被称为美术片，1998年文化体制改革以后，中国文化经济走向市场化时代，动漫国漫随之出现。在不同的历史时期有不同的动画称谓，为何有这样不同的称谓，不同的称谓意味着动画具有怎样的特点，以及不断变化的称谓后面的真正原因是什么，最终又导致了中国动画发展出现了怎样的一种规律和特点，正是本节将要讨论的问题。

一、卡通片

（一）何谓"卡通"

"卡通"是英文"cartoon"的音译，指的是漫画、讽刺画、动画。卡通片就是动画片。卡通本身是动画和漫画的合称，"卡通"这个词出现的时候，实际上动画还没有出现。卡通首先是作为漫画出现，是一种多幅的、动作连续的，并且具有简单叙事故事的漫画，与传统的漫画存在区别，多幅、动作连续的叙事漫画，跟后来的动画是相关或相通的。所以动画在卡通里面，具体指一种跟漫画相关的动画。而这种漫画最早作为卡通的漫画，又跟传统的漫画有一定的区别。卡通的含义包含漫画和动画，但是对于漫画来说，是指跟动画相关的漫画。对于动画来说，是跟漫画相关的动画。

卡通片具有以下几个重要的特点。

在性质上，卡通片是一种漫画式的动画。漫画的非常重要的特征就是幽默、讽刺。既然是一种漫画式的动画，这种动画的风格也就会带有漫画的风格，即讽刺和幽默。同样作为漫画式的动画，漫画一个非常重要的艺术特征是变形夸张。作为动画来说，在变形夸张的基础之上，更进一步创造了一种肢解的手法。这种肢解本身也是一种夸张的表达方式。

在思想内容上，卡通片的一个非常重要的特征就是其追求表现的是一种非常重要的精神，这也是漫画的一种精神，即娱乐精神。

从《猫和老鼠》和《海绵宝宝》中可以清楚地看到上面几个重要的特征。比如在《猫和老鼠》中，老鼠被画得非常可爱，这本身就是一种变形，一种夸张，也是一种漫画式的风格。因为老鼠原本不是这样子，作品中的形象完全改变了原来传统意义上的真实存在的老鼠形象，以及传统上人们对于老鼠的基本印象，这也是一种变形和夸张。《海绵宝宝》除了造型本身的夸张和变形，还有一个非常重要的手法，就是肢解。这种肢解成为一种非常重要的动画语言，也就是卡通语言。肢解是指在特定的情况下，各个部位都有可能离开身体进行相应的表达。《海绵宝宝》里有一个经典场景：在章鱼哥的鼓动之下，海绵宝宝和他一起罢工，但是当离开蟹堡王的时候，海绵宝宝心里舍不得离开，就趴在玻璃门上，当章鱼哥把他拉开时，他的身体离开了，但两只手仍在门上，章鱼哥一放手他就反弹了回去，再次拉开时是眼睛和嘴巴留在门上，再拉开则是心脏留在门上。这就是一种身体肢解的手法，是卡通片非常重要的表现方式。通过这样一种身体肢解的表现手法，表现了海绵宝宝此时此刻不愿意离开蟹堡王的心情。这是非常具有动画特征的，也是卡通片的重要特点。

卡通虽然就是动画片，但是这种动画片是有自身规定性和习惯性的，而这种规定性就是特征。卡通从形式上、艺术手段上，以及从最终的娱乐精神上，

都有特定的一种规定性，而这种特定的规定性是来自漫画的，与漫画有着非常密切的联系，所以称卡通片为漫画式的动画，或者是漫画型的动画。

（二）中国早期动画的"卡通"性

中国早期的动画具有卡通性，从几个方面可以表现出来，比如当时万氏兄弟创作的《大闹画室》❶，尽管现在有人发现在1926年之前中国动画就已出现，但是整体上来说，还是以《大闹画室》作为中国动画的诞生标志。1941年的《铁扇公主》❷中也可以清楚地看到卡通片的特点。影片开头的字幕就注明了，这是中国第一部长篇有声立体卡通片，这里用的就是卡通这个概念。影片中猪八戒热的时候把耳朵取下来当扇子扇，这就是身体的肢解。虽然不像《海绵宝宝》那样，在肢解中有具体的含义，这里仅仅是一种搞笑，但这种搞笑其实也是具体肢解手法的一种运用。另外，孙悟空的造型也是一种卡通式的造型，也就是美国动画中的造型。之所以会出现这样一种对卡通概念的应用，以及具体的一些卡通手法，其实跟万氏兄弟与美式动画的渊源有关系。

（三）万氏兄弟与"美式动画"的渊源

万氏兄弟即万古蟾、万籁鸣、万超尘和万涤寰，他们非常喜欢动画，是中国动画的先驱者，最早的开拓者。他们本身喜欢动画，学动画基本上从模仿美国的卡通片开始，这是万氏兄弟在自己的回忆录里特别提到的，"我们一开始喜欢学动画，要拍动画，但是不知道到哪里去学，就开始模仿，当时能够接触到的就是美国的卡通片"。这是万氏兄弟与卡通片的渊源，除了自己去模仿、去揣摩、去学习卡通片外，他们当时还跟一个非常重要的人物学习了美国动画，这个人就是梅雪俦。梅雪俦在美国成立了一个电影公司，叫长城画片公司，他后来把长城画片公司搬回了中国。在美国时，梅雪俦就很喜欢动画，并在美国跟华特·迪士尼学习了一段时间动画。回到中国以后，梅雪俦跟万氏兄弟相识，之后万氏兄弟就跟着梅雪俦学习动画，所以梅雪俦实际上成了万氏兄弟学习动画的一个非常重要的源头。梅雪俦本身学习的是迪士尼动画，所以万氏兄弟跟

---

❶ 万氏兄弟1926年在长城画片公司创作的一部10分钟黑白无声动画短片。

❷ 虽然这部影片的字幕中标示的编剧是王乾白，但从各种现有资料可以推测万氏兄弟在剧作中起到了举足轻重的作用，这是一部带有鲜明的万氏风格的动画影片。

随梅雪俦学习，实际上就是通过梅雪俦学习美国动画。万氏兄弟曾经在回忆录里提到，《铁扇公主》是受美国动画《从墨水瓶跳出来》的影响而创作的，那些孙悟空的造型和猪八戒的动作语言等，就是非常典型的美国卡通片的特点。中国早期的动画，在1926年到1949年被称为卡通片。具体来说，该时期的动画在各个方面上都充分表现出了卡通片的特征，并且跟卡通片有着渊源。

二、美术片

(一)"美术片"概念的提出和运用

1947年初，东北电影制片厂厂长袁牧之首次提出动画的另外一个概念，就是"美术片"❶。美术片后来曾经在很长一段时间里成为中国动画的一个专有概念。因为正是这些美术片成为中国学派的代表，同时中国动画学派，也就是上海美术电影制片厂所生产的所有动画片，都称为美术片。在很长一段时间里，"美术片"就是中国动画的专有名词。

如果说卡通片代表着中国动画的起源，从卡通片诞生标志着中国动画跟美国动画之间的关系，那么，"美术片"表现出的就是跟卡通片的一种区别，是一种"去卡通片"的特征。具体来说，"美术片"的概念尽管在1947年到1949年被提出了，但是还没有被广泛运用。直到1949年7月，当时的东北电影制片厂，简称东影厂，将"卡通股"改名为"美术片组"，从这时起，"美术片"的概念才开始被正式运用。1957年4月，东影厂的美术片组整体迁入了上海美术电影制片厂。那么，提出"美术片"的意图是什么？这种"美术片"是"去卡通化"的。所谓的"去卡通化"实际上是跟漫画脱离，把漫画的特征逐渐去除。一开始提出"美术片"的概念时，人们还不知道"美术片"究竟应该怎么去做。到1949年以后，才开始正式考虑"美术片"该如何去建构。

(二)"美术片"的"去卡通化"与"民族化"

"美术片"最早的建构，不是直接走民族化的道路，而是跟苏联动画产生联系，在"去卡通化"之后有一段时间，实际上是追求跟苏联动画的相近。或

---

❶ 东北电影制片厂厂长袁牧之于1947年首次提出的"艺术片、科教片、新闻纪录片、新闻照片、幻灯片、翻译片和美术片"的分类法。

者是在不再模仿美国动画以后，选择了模仿苏联动画。《乌鸦为什么是黑的》在一次国际动画节❶上获得了大奖，但是许多国际评委都认为《乌鸦为什么是黑的》这部片子是苏联的。从这个例子中我们可以发现，当时的中国动画确实是跟苏联动画非常相似。这说明中国动画在离开对美国动画的模仿以后，其实有一段时间是学习苏联的。《乌鸦为什么是黑的》被认为是苏联动画以后，中国动画开始追求民族化的特征，进行民族化的转换。对这个问题学者们有不同的看法，有人认为《乌鸦为什么是黑的》获奖事件激发了上海美影厂创作人员的爱国激情，所以不能够再模仿苏联，要追求中国文化的民族风格，但这是一种表面现象。在《乌鸦为什么是黑的》创作时，另外一部重要动画片《骄傲的将军》❷也同时开始创作，《骄傲的将军》后来被认为是中国动画民族化的开端。这意味着当时的创作者们在模仿苏联动画时，已经开始进行民族化的转换。刚刚离开美国卡通片后，美术片的创作开始模仿苏联动画，据说还学习了波兰动画、东欧动画。离开苏联动画后，才进一步回归中国传统文化的发展，并在很长一段时间里，建立起了中华民族动画，就是中国动画学派。中国动画民族化前经历了两个阶段，一个是"去卡通化"阶段，另一个是"去苏联化"阶段，并不是一开始就进行民族化。

不论是前面的阶段，还是后面的阶段，中国动画都在整体上抛弃了原来的卡通特征，所以被称为美术片。在这一阶段中非常重要的特征就是"去卡通化"和"去苏联化"，以及民族化。从一些具体的作品里面，我们可以清楚地看到这个特点，当时美术片的几个重要的片种就是水墨动画、剪纸动画、折纸动画，都是中国独有的片种，这些片种已经是非常民族化的动画作品了。这种民族化的动画作品，除了跟民族文化，如水墨动画跟中国的国画，剪纸动画、折纸动画跟中国的民间工艺有非常密切的联系外，另外一个重要特点就是再也看不到卡通片的特征了。不论是水墨动画，还是剪纸动画，作为美术片，跟前面的卡

---

❶ 六个世界动画节分别是法国安锡、南斯拉夫萨格勒布、加拿大渥太华、保加利亚瓦尔纳、日本广岛、上海国际动画节。

❷ 《骄傲的将军》是上海美术电影制片厂1956年出品的时长23分钟的动画，编剧是漫画家华君武，导演是特伟和李克弱，总设计是钱家骏。该片全面采用中国元素进行创作，开创"中国学派"动画之先河。

通片都有着非常明显的区别，卡通片的漫画风格和特点在美术片中基本看不到了。那种漫画式的讽刺、夸张、幽默、变形，变成了一种非常抒情的、正统的表达。卡通片的讽刺、幽默、夸张、变形，甚至肢解类夸张表达，这些漫画式的特点都消失了。这是美术片创作的艺术特征。

（三）美术片的"小众化"与"非商业化"

卡通片之所以具有那些特点，不仅是历史的渊源问题。整个运作体制，即美国动画商业化的运作模式，也进一步强化了这种漫画式的表达风格。而美术片在新的历史条件下，除了追求跟漫画式的卡通片有形式上的区别以外，在运作模式上，也开始追求一种"小众化"和"非商业化"的表达。这时所形成的中国学派在艺术上非常成熟，基于水墨画及剪纸、折纸这样的民间工艺，风格非常鲜明，也在各大电影节、动画节上获奖，但是已经跟原来的卡通片有了很大的区别。

所以从这里可以看出，时代变化导致了艺术也开始发生变化，因为艺术是跟随着时代的变化而变化的。很显然"小众化"和"非商业化"的特点在"非商业化"时代是毫无问题的，但是一旦进入了商业时代，可能就会形成与时代的错位。所以，"美术片"在进入市场经济时代以后，迅速衰落了，这也说明一个时代有一个时代的艺术，每个时代的艺术都与整个时代的政治、经济紧密联系在一起，"美术片"也是属于那个时代的产物。所以那么好的"美术片"在今天迅速衰落，其实跟那个时代所形成的一系列的特征是相关的，这些特征只是适合于那个时代，换了一个新的时代以后，所有的特征都不再适应现实。在一个新的时代里面一种动画的形式，甚至一种动画的类型都会随之变化。

三、动漫与国漫

（一）"动漫"溯源

20世纪90年代以后，动画又出现一个新的称谓，即"动漫"。经查相关资料发现，"动漫"这个概念最早出现在1993年，当时有个中华动漫出版同业协进会首次出现。1998年时，这个行业协会又创办了《动漫时代》月刊，

这是一个动漫的资讯类月刊。

（二）"动漫"的含义

"动漫"概念诞生以后，在很长一段时间里面，大家都不知道"动漫"究竟是什么意思。在大多数情况之下，动漫被解释为"动画"加"漫画"。我们的动漫产业其实指动画产业加上漫画产业。但经过进一步发展，今天"动漫"的概念，其实除了"动画"加"漫画"以外，还有一层含义是漫画式的动画。为什么要把动画跟漫画放在一起？为什么要把两个概念合为一个概念，或者是把两个行业放在一起成为一个产业？这说明动画跟漫画有关系吗？如果从"美术片"的角度来讲，动画跟漫画毫无关系，那么为什么又把动画跟漫画扯到一起来了呢？今天所说的漫画其英文翻译一般为 Comic，Comic 是指一个传统的漫画行业，但实际上更合适的应该还是"卡通"这个概念。因为传统的漫画跟今天的动画没有直接联系，只有间接的联系，间接的联系是通过"卡通"跟动画产生的。今天的动漫概念为 Animation 加上 Comic，也就是 ACG❶中的"AC"，但实际上更合适的应该是"卡通"。

当再用"动漫"这个概念时，似乎又回到过去卡通的那个时代了。"动漫"这个概念一方面指"动画"加"漫画"，另一方面也包含着动画与漫画之间的密切联系，即漫画的形式其实已经孕育着一种动画。今天的动漫产业中的漫画应该就是指孕育动画的那种漫画，而不是所有的漫画。正是在这样的一种意义下，动漫就像原来的卡通那样，在跟孕育动画的那种漫画的长期结合之中，又开始产生一种跟漫画密切相关的动画，就是漫画式的动画。

（三）动画"再卡通化"的意义

现在不再用卡通的概念，而是用"动漫"这个概念来指称动画，不管指称动漫产业，还是具有漫画式的动画，都表现了一种"再卡通化"的趋势。在经历了美术片的发展后，中国动画再进一步发展，向早期的卡通片回归。会有这样的一种趋势，跟时代的文化发展相关，同时也跟动画艺术本身的发展趋势相关，包括中国动画的发展趋势。因为从某种意义上来说，那种卡通化的动画或

---

❶ ACG 为英文 Animation、Comic、Game 的缩写，是动画、漫画、游戏的总称。

者是卡通片本身，更接近动画这门艺术的本质。动画一开始诞生，就是卡通，就跟漫画有着密切联系。所以卡通片虽然是美国的一个概念，但是这个概念从某种意义上来说，具有普遍性，这种普遍性直接指向动画艺术最本质的特征。动画电影在美国被称为卡通片，美国卡通片里包含了漫画重要的特征。虽然日本不用卡通这个概念，但是日本的动画也跟漫画密切相关。日本所有的动画几乎都先有漫画，有其商业化的成熟策略。因为漫画的成本投入比较低，先用漫画做市场尝试，如果市场反响好，就马上把漫画做成动画，而如果没有市场或者市场有问题，也可以迅速地撤掉这个项目，不会造成很大的亏损。

日本的动画跟漫画紧密联系的结果，除了形成一种ACG文化以外，更重要的就是使所有的漫画特征在动画中表现出来。如果ACG形成一体化，这种漫画的特征也会在动画中形成一体化，充分地表现漫画的特点。与漫画的密切联系是动画最本质的特征，或者这种指向性是非常明确的。这就是中国动画发展到今天会出现"动漫"这个概念的原因。

（四）"国漫"的提出：作为"动漫"的完善或升级

"动漫"的概念不仅指动画、漫画两个行业或者两个产业，同时动画就是一种具有漫画特征的动画。这种具有漫画特征的动画本质上一方面是对过去卡通的回归，一种"再卡通化"，另一方面这种"再卡通化"表现了一种国际化，以及动画的主流化趋势。但这种趋势会带来另外一个缺陷，即会导致对中国动画民族化的削弱。动漫产业刚刚开始的那些年，有大量的动画作品都是学日本、美国动画，失去了民族化或者民族化的特征不足。中国动画在转型升级的过程中，注意到了这个问题，自然而然就开始进行调整。最近几年，自《西游记之大圣归来》出现以后，在动漫的基础之上，出现了一个新的概念——"国漫"。

"国漫"概念的出现实现了一种非常巧妙的调整。因为动漫虽然回归了动画的本质，但是在回归动画本质的时候，又丢开了民族动画的民族化特征。就像当年追求民族化的时候，丢掉了国际化，甚至丧失了动画的最本质特征。所以后面就会出现一系列问题，甚至带来衰落。但在回归国际化和动画本质的过程中，可能又存在缺陷，即民族性的丧失减弱。所以动漫进一步发展出了另外一个非常重要的概念，就是"国漫"。"国漫"在充分肯定动画的漫画式特征的同时，又强调了一个"国"字，这个"国"字其实就是民族化的元素和特征，比如从《西游记之大圣归来》开始，到《哪吒之魔童降世》《白蛇：缘起》《姜子牙》等一系列的作品。这些作品我们回过头来看，会发现跟美术片有着某种精神上的相似性。但这种民族化是跟漫画结合起来的，不像美术片那样是非漫画型的民族化，而是跟漫画特征相关，包括变形、夸张，以及一种强烈的娱乐精神。"国漫"一方面表现出了民族动画的民族风格和民族艺术，从题材、理念、观念上都可以充分看到民族化的特征，同时从造型、情节上，又都非常夸张、搞笑，有非常强烈的娱乐精神。这就是把美术片的民族化跟卡通漫画进行了融合，称为国漫，既强调"漫"又注重"国"，是"再卡通化"与"再民族化"的一种结合表达。

结语

"国漫"的出现，纠正了原来动漫的偏差，既把原来丢失掉的漫画式特征找了回来，同时又回归了今天已经丢失掉的美术片的民族化精神和特质，形成了一种民族化与国际化的结合，因此称为新的中国动画学派。中国动画在经历了美术片之后，又再一次回归卡通片，同时又结合美术片的特点，形成了一种既卡通化又美术化的新动画艺术。这是中国动画发展的趋势，也是今天所呈现出来的一个非常重要的特色。中国动画在不同的历史阶段有着不同的称谓，从早期的卡通片到美术片，再到今天的动漫、国漫，不同称谓实际上不仅是一种对动画的不同叫法，在这种叫法的后面，包含着非常深刻的原因，也体现了中国动画发展的规律和趋势。这种规律和趋势背后有着时代、政治、经济、文化等各方面的影响，是一种内在发展，内在艺术的演进。所以整个中国动画在近百年的发展历史中，经历了三个非常重要的时代，一是卡通片时代，二是美术片时代，三是今天的动漫、国漫时代，这三个时代分别有对动画的不同的称谓，这种称谓代表了不同的动画概念。

这三个不同的时代和每一个时代中对于动画的不同称谓，表现了不同的动画艺术特征，三个时代的这种连贯发展，表现了中国动画从诞生到发展，到最后成熟的脉络。从概念上可以看到整个艺术的发展轨迹，还可以看到一门艺术发展的基本规律。如一开始的卡通片，是以借鉴模仿为主，这种借鉴模仿是一种不成熟的表现，但是在不成熟的借鉴中，实际上也抓住了动画的最本质特征。后来的美术片离开了卡通片，也就离开了动画艺术的本质，但与此同时，又找到了动画的民族化道路，民族化恰恰很好地弥补了早期卡通片时代所欠缺的东西。因为动画是一种舶来的艺术，想要在一个国家扎根发展，必须本土化和民族化，所以民族化是必不可少的。美术片时代尽管有很大的问题，而且这种问题在新时代到来的时候也充分表现出来了，如美术片的衰落，但是美术片也给我们留下了非常重要的遗产，即对中国传统艺术民族化的追求。因此，当动漫再次回归动画艺术本质特征卡通化时，也开始了再民族化的追求。国漫把国际化动画的本质属性和民族化的特征进行了结合，这既是动画本质的回归，也是动画国际化的回归，同时还是中国动画民族化的回归。

从动漫到国漫的发展就是今天正在经历的中国动画艺术的进一步发展，现代中国动画汲取了原来的卡通片的艺术本质，又借鉴了美术片，通过民族化的元素回归美术片，将美术片的民族化特征跟卡通片的国际化特征，以及卡通片里面所包含的对于动画艺术本体的特征结合，创造出了一种比较成熟的动画艺术，就是"国漫"。今天的"国漫"概念，是中国动画在经历了卡通片、美术片以后，最终通过动漫再回归到动画艺术本质，将动画的民族化特征与国际化特征相融合的一种比较成熟的动画艺术形态。这种形态既代表了中国动画的今天，也将代表中国动画的未来，推动中国动画逐渐走向成熟。总之，从卡通片、美术片到动漫国漫的三个时期关于中国动画的不同称谓中，我们能看到中国动画的整个发展轨迹，以及这三个不同概念的背后所表现出来的中国动漫发展的规律、特点和趋势。

第二节　文化资源与动漫艺术的关系

山东文化资源的现代性转换问题包括三个方面，一是山东文化资源有哪些可以利用，二是山东文化资源与动漫如何结合，三是与当代的世界潮流和世界的需要如何结合。世界的和民族的需要结合起来，就可以建立起一个既有传统根基，又有当代意义的国产美学，所以我们应更深入地理解和思考文学的丰富内容，寻找美学内容和文化密码。国潮开启的是21世纪中华文化复兴的新时代，这是对国潮现象的基本判断和认识。开启国潮新时代，"新国潮"就是新时代焕发出来的中国风。国潮和传统文化之间，传统文化应该是所有国潮的底色，从文艺作品角度来讲，2021年河南春晚的《唐宫夜宴》中，由"唐宫小姐姐"走出来的盛唐气象，就是特别好的"出圈"之作。

目前，国潮现象刚刚开始，还较少系统地表达中华文化的深层核心价值，仅仅停留在色彩的挪用、元素的提取、结构的摹写等方面，难免形成对优质传统文化资源的过度消费和滥用，随意挪用或者是滥用资源就会导致对优质文化资源价值的贬损和消耗。特别是对传统文化资源富集的敦煌、故宫等文博单位来说，尤其要格外小心呵护，开发具有专属的、个性的、少而精的文化审美符号。嘻哈、汉服、文博、舞蹈、体育等各个领域都存在圈内的受众群体，存在圈内的规则体系、链条、消费群体固化，这是当下在国潮发展中可以思考的问题。国家先后颁布了《中华人民共和国非物质文化遗产法》《关于实施中华优秀传统文化传承发展工程的意见》等，推动传统文化的"双创"发展，使得中华优秀传统文化受到前所未有的关注。2022年北京冬奥会的开幕式表演，是中华民族在21世纪完成从表层形式的文化表达到深层精神文化塑造的转折。那种内敛的、含蓄的、简约的、以少胜多的表达是符合中华文化根性精神的，也是国潮发展的一个非常重要的转折点。文化复兴的根本是思想复兴，我们无法回到周、秦、汉、唐，国风、国潮也不是静止的存在，所以国潮要不断地纳入新内容。中华传统文化赋予人和自然互生的特征，中华传统文化在人和自然的关系处理中，不是人单向度地向自然生成，而是有一种反向的逻辑，这个反向的逻辑就是自然山水可以向人聚集。这种逻辑如果追溯源头的话，可以追溯到汉代董仲舒的天人同构的概念。国潮创作要实现对历史实物进行人文唤醒和激活，如果仅是通过再现历史来获得原真性，其实会妨碍艺术创造。创作应进一步使一种原始实物洋溢出具有现代性的精神形式，使艺术作品能够作为一种超越时间限制的永恒艺术形式、艺术精神来显现价值。

中国动画学派从20世纪50年代开始就开始了它的步伐。这样一个学派的产生有其偶然性,也是必然的。就像早期的《铁扇公主》,其诞生看起来带有偶然性,似乎是因为美国有《白雪公主》❶,我们就做了一个《铁扇公主》,但实际上这也是必然。艺术家们自觉地从本民族的土壤中挖掘财富,而没有一味地只是靠模仿,靠所谓的借鉴。因为中华文化有着几千年的悠久历史,有很多的宝藏。中国动画学派在20世纪50年代创作的《乌鸦为什么是黑的》,在参加电影节的时候被一些国外专家说这是模仿苏联。这样的话传到上海美术电影制片厂以后,时任厂长特委导演提出了"不重复自己、不模仿他人",走民族化道路的口号。恰恰是这样的一个口号,孕育出了中国动画学派。《乌鸦为什么是黑的》虽然在动画史上有模仿苏联的评价,但著名老动画艺术家傅家祥先生的书《动画创作启示录》中❷,专门围绕这个问题做了深入调研,他认为事实上这只是个传说,并没有人肯定地说过《乌鸦为什么是黑的》是学苏联的。中国动画学派是一个自然而然产生的,不是刻意而为之的创新,这是中国动画学派留给我们的宝贵精神财富。中国动画学派从最初到高峰有近三十年的历史,而这30年的黄金期,使国产动画电影作为以短片为主的艺术动画在世界动画之林中影响了一代又一代动画创作者。不仅在中国,在世界动画发展过程中都在影响着世界观众。在计划经济体制下,中国以上海美术电影制片厂为代表,全国的长春电影制片厂、八一电影制片厂、北京科教电影制片厂、上海科教电影制片厂等公司,都在创作动画电影,但主要是短片。中国动画学派在美术视觉形式上,以民间艺术为主,如剪纸、绘画、水墨画,还有工笔,如像《九色鹿》这种取材于壁画的;类型上,有定格动画,如木偶、布偶等;声音设计上,前辈们也始终走着一条本土化的道路。"越是民族的,越是世界的。"本土创作者们不仅从美术的角度,从音乐的角度,也同样从戏曲舞台、画像砖,甚至一些民间艺术中来汲取营养,创作出了很多不朽的,甚至影响世界的优秀东方艺术作品。中国对动画的假定性和西方对动画的假定性有着不同,从审美上有自己鲜明的艺术特色。所以中国动画学派还有很多值得今天深入研究的内容,

---

❶ 1937年美国迪士尼出品的全世界第一部彩色动画长片,与《铁扇公主》仅相隔四年,客观上《白雪公主》对《铁扇公主》具有技术、产业等方面的巨大影响。

❷ 浦稼祥.动画创作启示录[M].北京:北京联合出版公司,2014.

包括当时的制片机制等。

近几年，铺天盖地的国风营销席卷市场，遍布餐饮、服饰、彩妆等与生活息息相关的各大领域，电影行业也不例外。自从2015年《西游记之大圣归来》点燃了大众对国风文化的热情后，时至今日，每年的国产动画电影票房前二十名中，平均有四到六部都以国风作为营销重点。近几年暑期档上映的几部国产动画电影再次将国风推向了热潮，但也有观众表示，部分电影的呈现效果并没有达到心理预期。国产动画电影到底如何才能打好国风这张牌呢？说到国风，人们还会联想到一个词叫"国潮"，"国潮"已经成为一种时尚，就像买东西时的一个华丽的外包装。当下，大家都争先恐后地要用上这个华丽的、具有吸引力的、带着"国"字招牌的外包装。这种现象似乎有文化绑架、道德绑架之嫌。好像只要打出国风的招牌，就隐含着一个不言而喻的台词：是国人必须看。观众一开始看到一部作品是国风的，可能会眼前一亮。但是如果看到这些年来有太多打着国风旗号的作品出现，人们可能就会因过度营销产生一种反感，并怀疑制作方是不是用一种国风的视觉现象来掩盖电影本身制作不够精良、故事不够扎实之类的短板。国风的经济效益，这些年来的市场已经证实了，但是经济效益不等同于社会效益，不能说一样商品卖得好就是好东西，这是两回事。国风做得不到位，就会有两个问题出现。一是让一些不了解什么是真正国风的人对国风产生误解。如京剧脸谱的元素、传统工艺品的元素，如果仅仅是提炼出一些符号，并把这个符号不加选择、不加分析地往任何商品上拼贴，就说这是国风，有可能会给人们带来一种刻板印象，那中国的国风不过如此。二是可能会伤害人们的文化情感，因为凡是喜欢的一定是珍惜的，就一定不希望自己所珍惜的东西以一种特别粗糙的方式，甚至是错误的方式呈现在别人面前。假设国风是一个池子，什么样的作品可以进到这个池子中，还应具体分析。如《西游记之大圣归来》，其中的大圣不是传统的孙悟空形象。同时，大圣归来的故事背后的核心价值观是孙悟空作为一个超级英雄，他所产生的自我怀疑。这种自我怀疑是非常西方的，西方的所有超级英雄，在走向成熟时都需要有一个自我怀疑阶段，但这种价值观不是中国的。因为中国文化中强调人不会因外在环境、外人的评价而改变自我的信仰。这个电影在现在看来并不是很国风，但在当时中国整个美术片市场比较低迷的情况下，确实是刺激到了我们。后来的《哪吒之魔童降世》，哪吒形象本身，包括人物之间的整体关系、发型、配色的感觉，就非常吻合中国民间的风格，是把国风元素运用了进来。而《雄狮少年》场景的搭建和整个画面的质感则更表现出观众所熟悉的中国山水画的风格，这么一来，即便讲的并不是传统的中国故事，也能够让人感受到传统中国的审美，这就是一种比较好的国风的表达方式。国风就像风一样，风是自由的，无法定义的，但是有一个核心，既然是中国国风，就应当是一阵吹在中国领域上空的风。好的动画电影，应该能让观众在看完这部电影之后感受到这是我们的故事、我们的价值观，是我们共同的记忆、共同的认可，这才是国风最核心的。

上海美术电影制片厂的那一批作品，成为一个时代人们的审美启蒙。所以现在很多人会说很怀念那批作品，其实人们怀念的是那些制作精良的、风格独特的、有特别强的中华民族美感的精品。当年上海美术电影制片厂的制作风格多种多样，如用水墨画做了文人气十足的《山水情》，但同样也拿水墨画做了特别童趣的《小蝌蚪找妈妈》，而《骄傲的将军》则风格更花哨、更明艳，这种风格其实是吻合民间美术的特点。老版的《哪吒闹海》❶里有一个哪吒跟父亲决裂时拔剑自刎的场景，影片中的哪吒背对着观众，借用了戏曲动作的写意性的、虚拟性的元素的美进行表达，这一系列就是当年上海美术电影制片厂带来的美好记忆。观众们的怀念，是对运用传统美术风格进行创作的那些精品作品的一种呼唤。有这种怀念的呼声出现的时候，当前的这些创作者们都应该提高警惕。要想把国风这张"牌"发挥出最好的效果，就需要对传统审美的那些精髓性的东西有深刻的了解。在外在形式上千变万化，但是在内在上有其统一性，把这个统一性进行现代的表达，这才是真正的国风。并不是只要是来自神话、历史的故事，就是国风，如果没有吃透国风，就不要过度拿国风作为招牌，要尊重"国"字本身，不要让其成为营销人手中的玩具。

国产动画电影取得的成绩，特别是在海外取得的成绩，可圈可点的地方很多。过去的国产动画电影或者文化艺术，主要的国际路径是通过国际电影节走

---

❶ 上海美术电影制片厂1979年出品的中国第一部大型彩色宽银幕动画片，以封神榜故事为题材，导演是王树忱、严定宪、徐景达、马克宣。

出去。而现在国家有很多对国产电影国际化的保障，尤其是文化交流方面的保障。文化资源的传播一方面是自己的片子走出去，另一方面是其他国家的电影引进来，不同国家的导演来拍片子，在相同的主题下，特别容易形成不同的表达。电影是一个平台，里面包含的或者搭载的是文化，是一个国家的文化和一个民族的文化。国产动画电影走出去，也是希望让外国的朋友们更加了解中国是一个什么样的国家，所信仰的民族和文化的精神是什么。动画电影的传播是分享，或者是交流，所以一定要找到一种能够被大家共同认可的文化和价值观。如《大唐玄奘》得了18项国际奖，说明《大唐玄奘》中对信仰的坚守是外国人同样能接受的一种正向的价值观，或者一种正确的公正价值观，表达得好一定会被接受。现在能够被外国人接受的片种，一定不是单一的取向，一定具有兼容性、整合性。如《战狼2》中有很多战争片的元素，但是又不是一部标准的战争电影，也有很多动作元素在里面。影片又融入了很多国际交往内容，如把一些军事的，甚至是国家之间的一种元素植入里面，这都是过去不太常见的。适合于在海外进行推广的，一定是一种兼容的类型，在文化上有通约性，在美学上有现代性，在价值观上有共性，这样的影片最适合在国外推广。国产电影走出去并不是只有一个单一路径，贾樟柯的电影在拉丁美洲、欧洲有非常好的发行渠道，这就是一种非常独特的生存策略。国家形象和综合实力的提升，实际上反过来对电影做了一个巨大的、无形的广告，大家对中国有兴趣，对中国要关注，会自然地关注到中国的艺术、中国的电影。而动画电影做好了，也是对国家形象的丰满。国产动画电影搭载中华文化走出国门，需要电影人在用光影讲好中国故事的同时，增强文化自信，坚定文化信念，从而推动文化繁荣。

结语

第一，要学习当年上海美术电影制片厂团队的原创精神的作风，建立一支稳定的创作队伍。让那些优秀的创作人才，让那些愿意为动画梦想而战的动画人有用武之地。相信很快将会有这种创作团队再出发，创作精品动画。

第二，加快完善、出台精细化的政策。如动画行业的认证、动画行业的标准，现在的政策还不能很好地帮扶小公司和小微企业。让动画专业毕业生自主创业是很难的，因为动画是一个劳动密集型的产业。当然现在一些城市已经开始研究新的文化创意产业园政策，国家指导部门应该加快出台更加精细的相关政策。比如，完善华表奖、金鸡奖只有一个美术片奖的奖项政策，让那些优秀的编剧、优秀的导演、优秀的造型设计、优秀的原画师、优秀的音乐家，能和故事片创作者并驾齐驱，在舞台上展现价值和魅力。当然，同样也要注意市场。

第三，做好人才培养的中国方案。动画是娱乐，但更是寓教于乐。因为优秀的动画会让观众在欢笑中学到很多的知识。所以，高校在人才培养方面应该制订一个方案，使学生不做市场的奴隶，不为赚钱博眼球；应该挺着胸脯，为热爱动画，为所心爱的动画艺术而努力。国家应该在高校人才培养方面给予支持，特别是给那些优秀的院校提供人才孵化基地，从一开始就关注和保护优秀的人才，给予他们资金的支持和落地、落户政策支持，应该使这些精细化的政策加快完善。

第四，树立原创意识。如果不注重或者不尊重知识产权❶，就很难发展原创。一个动画片剧本和一个故事片剧本，价格最高可以相差百倍。但凡有点才华、有点能力的年轻人，都不可能愿意留在这样一个很尴尬的、低收入的动画领域做原创。所以要尊重原创人才、尊重动画艺术。动画作为文化的重要载体，有着非常重要的文化传播、提高大众审美意识的作用。有优秀原创作品，将来才有可以产生经济价值的 IP❶，才可以再开发。

所以，国产动画应该重举中国动画学派这面旗帜，动画人有责任来担当、践行并实现国产动画发展。电影是国家的文化名片，要基于真实感人的、可信的故事，基于中国精神的真实可敬，向世界更好地展示中国形象、讲好中国故事、传播好中国声音。

---

❶ 知识产权（intellectual property）是指智力劳动创造的价值的所有权，特指在一定时间内，权利人享有其通过智慧创造获得成果的权利。

❶ 基于知识产权、品牌影响和大数据条件下的文创产品的衍生开发现象，传统文创强调作品思维模式，IP 现象强调用户思维模式。

第三章

转换策略：山东文化资源的动漫化表达

> 文化资源一直是重要的话题。前几年有"老艺术新传承""传统文化产业化"等相关热点，2021年关于传统文化"破圈"的话题同样引发了热议。文化认同是最深层次的认同，现在这种"国潮"就是年轻人在拥抱这种深层次的认同。山东历史悠久，有着极其丰富的文化资源，其表现形式更是多种多样，能够为动画创作提供所需的资源。

第一节　家国情怀：大力弘扬时代精神

家国文化的继承，在影视创作上应该更多地在民族精神、爱国情怀、英雄主义、乡村振兴等这些积极向上的主题上加大创作力度，创作出更多能让观众共情、共鸣的影片。用光影铭刻历史，传承民族不朽精神正是电影的意义和价值所在。

一、《白鸽岛》：关于人性、战争、科技

《白鸽岛》是2003年上海美术电影制片厂制作出品的长篇科幻动画，被称为"上美厂最具历史突破性的动画作品之一"，甚至有人称其"能与《新世纪福音战士》抗衡"，可见其思想高度。《白鸽岛》的不足，除了比较多被提及的人物画风和节奏拖沓问题，还有创作者想要严肃和童趣两手抓，既想要"黑深惨"又想要合家欢，导致这部作品有点两头不讨好。动画本身的定位是反乌托邦式的科幻冒险故事片，讲侵略、讲人性、讲反抗。但为了迎合当时动画片童趣的主流，尽可能照顾各个年龄层的观众，动画把整个故事讲得太直白和沉重了。故事情节结束后，还通过角色之口把道理剖开了讲述，偶尔点睛升华一下没问题，但这样的升华多了就难免有说教的感觉，这也是作品节奏拖沓的原因之一，这会使观众容易产生疲劳，甚至看不下去。

总的来说，《白鸽岛》瑕不掩瑜，闪光之处更值得关注。《白鸽岛》的剧情无疑是非常优秀的，剧情上从多方内斗到被雅尼人入侵欺凌，到相互猜忌，

再到共同御敌，相当饱满。情节和人物繁多，人物都刻画得有血有肉，重要角色几乎都完成了个人的蜕变。内容批判和讽刺意味很强，但又不是一味地"黑深惨"，批判人性的同时也赞扬人性，人类的劣根性在这部作品中表现得可谓淋漓尽致。雅尼人没来之前，白鸽岛的生活宁静祥和，人类为了一块石像武器明争暗斗。梦达、彩虹夫人、海盗王三方势力相互开战。岛上的执政者胆小又懦弱，没有主见，听信小人之言。杰皮争强好胜，偏激嫉妒，无脑听信野心家梦达。梦达身为钢琴大师却利欲熏心，勾结海盗王做着损害白鸽岛利益的事，彩虹夫人为了保障自身安全，不顾白鸽岛民众安危。海盗王上勾结总统下串通梦达，从中牟利。白鸽岛上的每个人都有着自己的打算，全然忘了白鸽岛的百年和平来之不易。雅尼人入侵后，人性的弱点更是被暴露无遗。梦达和海盗王见风使舵，对着雅尼人摇头摆尾，特别是梦达，在雅尼人面前沦为两面三刀的走狗，为了获得权利不惜欺压岛上的同类，鞭打长官。海盗王更是为了一口吃的，不惜下跪逸言献媚，岛民们面对雅尼人制造的灾难只会抱头鼠窜。但随着雅尼人不断压迫，人类又慢慢变得无比团结，从内斗转为共同抵御外敌，从人心涣散到拧成一股绳。天望为了拯救白鸽岛，克服各种困难，前往阴阳之界取回了七种元素。青年学生从前期的懵懂从众到逐渐觉醒，成为反抗雅尼人的先锋分子，最后在天望的带领下英勇献身，保卫了白鸽岛的和平，岛民也从麻木中站了起来，宁死不屈。人性是善恶相生的，创作者用放大镜审视了人类与生俱来的劣根性，自私自利、贪婪狂妄、胆小怯懦、争强好胜，但同时又肯定了人类身上可被激发的善良一面。每个人都是自私的，每个人又都可以是英雄。

《白鸽岛》前期的内斗完全是由石像武器引起的。彩虹夫人需要石像武器保卫摩牙飞舰，梦达想要利用石像武器实现总统梦，海盗王打算利用石像武器谋取财富，但在雅尼人更高级的科技面前，石像武器变得不堪一击。雅尼人利用更发达的科技侵略白鸽岛，掠夺人类资源，最终也在自己的高科技成果白星飞舰的自爆中荡然无存。白鸽岛因为科技落后被侵略、被欺凌，又因为造出了新式武器，而让战胜雅尼人成为可能。在这部动画里，科技成为战争的诱因，影响着战争的胜负，科技带来灾难，同时又带来了新的和平。高科技被邪恶之人利用，就会引起战争，成为罪恶的诱因，但高科技又可以保家卫国，科技的两面性值得人类反思。

　　雅尼人入侵白鸽岛，是因为看中了人类的繁衍能力。相同地，人类为了白鸽岛的和平也在入侵阴阳之界，掠夺阴阳之界各种生物赖以存在的宝石。雅尼人不会考虑人类女性成为繁衍机器的后果，人类也不会考虑拿走宝石后阴阳之界那些生物的后果，纵使知道了后果很严重，也还是会去做。动画中也有很直接的探讨，强者永远向弱者挥刀，弱者向更弱者挥刀，高等生物掠夺低等生物，高级文明侵略低级文明，无论科技发展到何种程度，弱肉强食的规律都不会改变。《白鸽岛》有着中国式的英雄主义，和强调个人的英雄主义不同，《白鸽岛》强调的是团结，天望身怀特异功能，有着异于常人的能量，反而因此从小被同伴孤立、被岛民怀疑，甚至恐惧人类，一度自闭到躲进寺庙里。但野木子又从小就教育他要热爱和平，要相信人间自有正道，前往阴阳之界，也是爷爷让他完成任务，拯救人类。他在阴阳之界的考验中不断审视自己、突破自己，所以天望不是那种因个人被迫害而奋起反抗的个人英雄，而是从小被教育、被熏陶的具有家国情怀的民族英雄，是从个体走向集体，从个人走向家国和人类命运共同体的。包括杰皮也是，在醒悟之前处处针对天望，与梦达勾结，虽然他嘴上说是为了白鸽岛，但更多是出于个人私心，想要驱赶比自己优秀的天望，想要获得红霞的好感，想要别人认可自己，直到失手杀了星川才醒悟过来，与青年学生和岛民一致对外。还有前期胆小懦弱的铁砣，后期却能英勇上阵杀敌，前期懒政逃避的执政长官和警察局长，后期也勇敢站了出来。他们都是在完成突破自我后，成为团队的一分子共同御敌。这种集体主义和家国情怀也是华夏民族一以贯之的品质，是中国式的英雄情结。还有一点，岛上的青年学生永远是中流砥柱，不管岛上的局势如何变化，永远有那么一群热血青年，为了保卫家园奋起反抗，亮海、肖文就是其中代表。他们前期为了白鸽岛争夺石像，雅尼人来了后则暗中行动击杀古兽兵，发起自救行动，后期和天望一起追击白星王，在白星飞舰爆炸中英勇牺牲。还有言秋也是始终明辨是非，为了不让岛上妇女喝雅尼人给的营养液成为繁衍机器，不惜假意投靠梦达，深入敌人后方窃取情报。这大概就是鲁迅笔下的"青年都摆脱冷气，只是向上走"。

　　这部动画设计了多个永恒的主题，人性、种族、科技、战争、爱情、友情、亲情等，而且都比较明确地表达了创作者的立场，是中国动画从童趣宣教转向严肃深刻的一次勇敢尝试，这是《白鸽岛》的经典之处，也是中国动画的一次突破。

二、主旋律电影的家国情怀书写

20世纪50年代初，抗美援朝战争拉开序幕，中国人民志愿军告别家乡，谱写了一曲保家卫国的英雄赞歌。电影《金刚川》《最可爱的人》《保家卫国——抗美援朝光影纪实》及《英雄连》，一同给观众带来了抗美援朝题材的光影盛宴。尤其是电影《金刚川》，上映首日票房破亿，观众反响强烈。这几部作品从不同角度丰富了人们对七十多年前这场战争的认知，有宏观的、整体的，也有局部的。例如，《金刚川》是一部局部战斗题材的作品。纪录片《保家卫国——抗美援朝光影纪实》全景式地展现出抗美援朝的历史背景。《最可爱的人》是一部动画片，更适合青少年观看。《英雄连》更像是一部标准意义上的战争动作片。今天的主流电影正发生着重大改变，人们会发现这个故事是过去没有看到过的，电影作品的结构、方式、表演，都是值得期待的。

电影《金刚川》中对角色的塑造，更多的是从人的本性出发，添加了很多"佐料"，从而使角色更细节、更丰满。电影在表演上带给大家的震撼力很强，每个演员的戏并不是特别多，但都在举手投足间、在小细节上力争体现人物的性格。比如张飞和关磊这两个人物，表面上看好像是竞争关系，但实际又是师徒关系，都想把牺牲的那个位置留给自己。影片色调较暗，夜景居多，但仍实现了每个人物都真实、可感，这是非常不容易的。《金刚川》从策划、制作到完成，堪称世界电影史上的一个奇迹，是一部在制作、呈现上均达到了很高水平的作品，是电影工业化的一个特殊结晶，主要体现在工业化分工上、技术水平和制作能力上，电影里面的枪炮、飞机、轰炸，很多都要靠三度创作，即电影拍完后在后期完成制作。

前有《上甘岭》，现有《金刚川》《长津湖》，这三部电影是抗美援朝战争中三次非常特殊的、重要的、人们记忆很深的战役。《上甘岭》《打击侵略者》《英雄儿女》《奇袭》这些电影，对老一辈来讲非常熟悉，但是与现在这群孩子存在一定的隔阂,所以通过现代的电影可以引发新一代相应的热情,能使人们从中得到一种精神上的激励。例如,《英雄儿女》中王成有一句经典台词"向我开炮",《金刚川》里也有"向我开炮"的台词,这就是在向《英雄儿女》致敬。影片《金刚川》讲述的是护桥,影片本身也是想通过回溯历史,给现代的人搭一座传承的桥。电影的创作者通过对这场战斗的全景式呈现,似乎把每一个普通观众带到了那场战斗中。

哲学家雅克·拉康提出了一个非常重要的三界理论,电影理论据此发展出三元结构,一是真实界,电影真实世界就是观众的欲望。另一个是想象界,对于电影来讲就是电影和故事,虚构的文本,一个虚构的可供移情的世界。电影其实也有一个象征秩序,就是电影的工业体制,或者电影在叙事方面的某些知识规则,或者一些大家都接受的惯例,比如类型片,这些作为一套知识、一套惯例,构成电影活动当中的象征秩序。但是拉康的理论中非常重要的一个内容就是三元结构是一个旋转结构,是个拓扑结构,互相叠加。比如探讨道德的问题,属于电影的想象界,就是情感、道德、美学等给人带来的情感,审美跟道德从来不可分割。还有一点,拉康告诫人们,意识形态的象征秩序和对故事的审美从来密不可分。个体感觉拥有了一个纯粹的审美观感,但审美到底是什么,其实有一种可能个体自己都没有意识到的意识形态、价值判断或者想象在其底色中。成功的主流电影,其实能够达到两种效果,一种是美学效果,也就是现代人追求的视觉效果;另一种是对社会层面的影响。主流电影的崛起必然和大众文化,也就是和当代文化现状是相关的,在主流电影的制造过程当中,观众通常是非常期待电影情节、电影因果序列的。有很多电影序列如《战狼1》《战狼2》,这种序列是观众所期待的。另外,观众还期待由喜欢的明星来扮演角色,这也是流行文化当中不可缺少的。如《战狼》《我和我的父辈》《长津湖》当中的吴京,他本人作为英雄形象的常驻演员,成了一个具有吸引力的主题元素,在大众文化中受到了受众的期待,也是一个被认可的扮演者。主流电影的社会意义,一般应该是基于人类的普遍经验,也就是基于对日常生活的一些关注而产生的。

20世纪90年代,主旋律电影成为受提倡的创作方向,所以这段时间的主旋律电影取得了非常重要的成就。这主要体现在两个方面，一方面是一些重大革命历史题材事件性的作品，运用两条叙事主线交叉叙述，这在过去的电影中是从来没有过的，这些开拓和创新与对文艺创作开放包容的态度有很大的关系。另一方面是人物传记题材的作品，其中又包括以革命领袖为题材的作品，如《孙中山》《周恩来》和《毛泽东的故事》等。还有一类是以英雄模范人物为题材的作品。如《焦裕禄》《蒋筑英》《孔繁森》等，这些电影非常接地气，让观众看到了很多鲜活的、朴素的英模形象。他们虽然是英雄，但是也有普通人的情绪、情感。如《焦裕禄》中非常著名的片段，当焦裕禄生病要去医院时，路上送行的群众排成两排。这个场景后来在很多英模电影中不断地被再次使用，影片写了他的高大，写了他的英雄事迹，但体现的是平凡人的高大、平凡人的英雄。

站在中国电影史的角度上，跨世纪之交的中国电影在这个阶段形成了中国电影后来发展的一些基本格局。如弘扬主旋律、提倡多样化，提倡思想性、艺术性、观赏性的统一。在电影发展过程中，电影的技术、电影的艺术不断丰富、不断提升，电影的表现能力也逐渐增强。所以，这一时期的中国电影也为如今电影事业的繁荣发展奠定了非常坚实的基础。如今出现越来越多深受大家喜爱的，艺术性和社会效益兼备的主旋律影片，如《长津湖》《我和我的祖国》《中国机长》等，未来中国电影人将通过电影作品更好地传递中国精神、中国价值、中国力量。

讲好中国故事，既要尊重艺术，又要尊重观众，更要找到讲述主旋律故事跟今天人民大众之间的关系。艺术以人民为中心，其呈现后要看人民满意不满意。而人民满意与否要看电影能否提供人民的心中所思、所想、所愿。这几十年来，主旋律电影积累、形成了一些很好的经验和传统，一方面尊重规律，另一方面尊重观众。回溯跨世纪之交的中国电影，我国广大电影工作者积极响应党的号召，与时代同步伐，与人民共命运，从而创作出了优秀的电影作品，对宣传党的方针、政策，团结人民，弘扬社会主义核心价值观作出了积极的贡献。奋进新征程，广大文艺工作者将继续深入生活、扎根人民，不断推出讴歌党、讴歌祖国、讴歌人民、讴歌英雄的精品力作，书写中华民族新史诗。

三、《我和我的家乡》：呈现大时代下的"变化"主题

《我和我的家乡》是通过五个小人物的五个小故事来共话家乡大情怀。其实，很多人都不在自己的家乡而是在外漂泊，但不同地方的人，对于乡愁的理解，对于家乡的理解，包括他们的爱都不一样。这部电影更多的是展示出了不同的人和家人们及家乡的联系。

《我和我的家乡》透过小人物视角所传递出的家乡情感染了许多观众，每年中秋、国庆期间都会有一波返乡热潮，特殊日子里的回乡之旅与团聚之情更是为这部电影的热映赋予了别样的意义。无论是身在异乡漂泊，还是留守老家打拼的人，都能从中感受到一份深切的牵绊。这个情感是不分城乡、不分地域、不分民族，大家都一样的。现在电影院的主要受众群体是年轻人，很多人可能刚离开家出来打拼，这部电影能唤起这些年轻观众的共鸣，通过故事让年轻观众去思考"家乡"这两个字。影片中五个故事有一个共同的主题，就是"变化"，是家乡的变化、祖国的变化。中国有十几亿人，每一个人家乡的变化整合起来，就展示了祖国日新月异的变化。

四、精准扶贫的影视化表达

当多年前的农村变为脱贫后的"诗与远方"，电影与乡村振兴会碰撞出怎样的火花？乡村振兴已经成为全民讨论的核心焦点，这几年很多电影的内容和题材都和乡村有关，乡村振兴主要体现在二十个字上：产业兴旺、生态宜居、治理有效、乡风文明、生活富裕。从产业兴旺来看，《一点就到家》这部影片里讲述了三个年轻人创业种咖啡卖到了全世界，带领村民走出了一条脱贫致富和共同奔小康的路。从生态宜居来看，《我和我的家乡》这部电影里面，通过五个独立的故事单元，讲述了国家东南西北中不同地域的家乡风情。在《千顷澄碧的时代》这部影片中，村民后来思想的变化，恰恰反映出乡风文明的核心内容。从治理有效的角度说，《回家的路》中毛乌素沙漠在通过进行有效治理摆脱贫困的过程，守住了生态的底线。

《我和我的家乡》《千顷澄碧的时代》，还有《秀美人生》等，在全网都掀起了很广泛的讨论，分析观众的画像、年龄或者是地域上的分布，似乎与乡村

还挺有距离，为何观众会如此喜欢这些影视作品？

第一，从内容上来看，这些作品是真实的而且扎实的，接地气，充满人间烟火，《千顷澄碧的时代》的主创多次深入参考采风，打磨剧本，电影《秀美人生》更是还原了黄文秀的故事。

第二，从演绎过程来说，本真和真诚非常重要，演员在一些细节的处理上十分还原生活。影视艺术，可以看作一座桥梁，费孝通先生在《乡土中国》里说，中国基层社会就是乡土社会❶。其实"乡土"二字早已融入了每个中国人的血液，成为每个中国人基因的构成。通过互联网平台，人们始终在接收着乡土的信息。电影对乡土的再现，拉近了家乡的生活和年轻人之间的距离，而对于外国人而言，也令他们有机会看到一个真实的中国乡村的变化。

中国的脱贫攻坚是全人类反贫困史上一个伟大的奇迹。绿水青山就是金山银山，不管是什么样的题材，只要接地气，只要和时代同步，就会越来越多，就会层出不穷。脱贫攻坚取得了决战的胜利之后，我国拍了很多这样题材的电影。乡村振兴战略从2017年就已经提出来了，先是经历了脱贫攻坚的胜利阶段，现在又迎来了全面推进的新阶段。在这个新阶段电影人能够做的，首先是更多地盯住在乡村振兴过程中做得非常好的年轻人的一些事迹。镜头要对准老百姓，电影不仅是产品，不只是要生产出来，更主要的还是要为群众服务。电影下乡是非常有效的一种手段，让广大老百姓在家门口就能享受到丰富的文化大餐。另外，现在都强调融媒体的发展，电影的发展实际上也可以和其他形式结合，比如通过和文化综艺的联手互动，直接让观众近距离感受电影的魅力。电影与乡村振兴有着如此紧密的联系，而且在新的全面推进阶段，电影人也大有可为。正所谓春风吹绿山水间，乡村振兴正当时。

中国共产党第十九次全国代表大会献礼影片《十八洞村》响应时代革新号召，将目光投向充满温情与诗意的湘西土地，用细腻的镜头语言聚焦湘西人民内心深处的悲喜与坚守，探寻诗意现实主义镜头下的精神脱贫之旅。《十八洞村》讲述了以土地为依托的退伍老兵杨英俊以及杨家几位堂兄弟，在国家实施

---

❶ 费孝通. 乡土中国 [M]. 上海：上海人民出版社，2016.

"精准扶贫"战略的大背景下展开了一场脱贫攻坚战，最后完成了物质和精神上的双重脱贫。《十八洞村》与反映农村题材或者反映扶贫的电影不太一样，里边有非常浓厚的情感。这部电影是一部很特别的农村题材电影，有很多新意和突破。这是在打脱贫攻坚战的时代背景下出现的一部电影，既是对时代的响应，也是对现实的关照。影片讲述了十八洞村的生活形态、村民的悲喜、农民对土地的那种割舍不断的情感，非常有艺术片的风格。《十八洞村》有很多创新之处，首先视角很新，之前有很多扶贫题材的电影，但是视角基本上聚焦在扶贫干部身上，但这部电影把镜头对准了村民，以村民为本，而且视角的转换、整个叙事的转换带来了艺术气息。比如杨英俊这位退伍军人，是有尊严感的一个农民，电影把农民本身的这种自醒写出来了，在宣布他为精准扶贫对象以后，他很纠结，这部电影把村民内心的东西挖掘出来了。扶贫干部小王想到了一个词——"打仗"。因为他是一个退伍军人，他对"打仗"这个词太有感情了，影片的艺术精神和现实的时代精神吻合得天衣无缝。有媒体评价这是一部非常有诗意的电影。这种非常诗化的或者艺术性的叙事方式，回归到了现实主义美学的创作精神上。

《秀美人生》这部影片有"三美"，人美、风景美、精神美，其更大的魅力在于让观众看见有这么年轻的、看似很柔弱的女孩子去做这么伟大的事情，这是一部具有现实感的电影佳作。这部影片非常尊重原型人物，没有渲染情感，没有大悲大喜，也没有过多地雕饰一个人物，她的言谈举止，身上带有的气质性格，都是当今中国青年人的典型形象。这部影片在色彩、节奏、感情方面处理得很好。

今天是个多元化的时代，每一个灵魂都有一种热气腾腾的表达，黄文秀和她的工作团队起名叫"地表最强战队"，地表就是紧贴着土地，这一特别富有感染力的名称也充分地体现了黄文秀和她的小伙伴们的生命秀场。《秀美人生》由苗月执导，苗月导演是近年来在农村题材，特别是扶贫题材上成绩十分优异的一个导演，她的成功来源于她是真诚的。在这样一个时代，青年人有这样的担当去改变，是特别了不起的事情。国家有这么一群有志向的青年人，在做着非常有意义的事情，我们还有的是力量去创造美好的未来。

五、用新时代动漫献礼党的二十大

2022年10月16日上午,党的二十大在人民大会堂胜利召开,明确了接下来要建成社会主义现代化强国的任务。特别是讲到文化的时候,大会提出要推出更多能够增强人民精神力量的优秀作品。这也让我们思考,动漫行业应怎样通过动漫去增强人民的精神力量。近年来在这方面做得不错的影片,首先就是《下姜村的绿水青山梦》,这部影片获奖无数,非常生动地展现了在"绿水青山就是金山银山"这一理念下下姜村的变化。影片令人印象深刻的是从一个外来朋友和当地小孩交流沟通的视角出发,带着观众去游遍下姜村,既是现实题材,又是一种创作上的创新。其次就是《幸福路上》,这是由多家电视台联合推出的表现脱贫攻坚故事的动画系列片。影片共有十集,讲了九个扶贫故事,通过影片观众们可以看到扶贫工作给当地带来的巨大变化,特别是影片聚焦在扶贫扶志这一点上。其中有一个小女孩高位截瘫,需要人照顾,她本来感觉自己没有什么希望了,但是她一直有想为家乡做贡献的志向,所以就通过电商淘到了第一桶金,后来又将电商发展成当地的一个大产业。

在2021年的上海电视节上,一部国产动画最终获得了动画单元的奖项,这部动画片聚焦扶贫和乡村支教事业,把社会主义核心价值观和动画的形式巧妙结合,讲述了一个暖心的故事,这部动画片就是《大王日记》。《大王日记》里的大王是红旗村里的一只网红猫,影片讲述了红旗小学来了一个新的支教老师小王老师,与在这里进行村支书挂职的大学生村官李书记一起投身于乡村扶贫和振兴事业,帮助孩子们扶贫扶志,帮助乡亲们扭转观念,一起带领整个红旗村实现乡村振兴的故事。《大王日记》是一部比较少见的现实题材动画作品,现实性主要体现在:一是通过动画的唯美画风,把乡村的美丽自然风貌表现了出来;二是指出了现实中乡村确实存在着的教育资源稀缺问题,比如老师少,学生、家长有落后的观念等。除了这些现实的真实感外,作为一个动画片,一定要有超现实和想象的部分。《大王日记》主要的想象力就集中在大王,也就是这只猫的拟人化处理上,动画片生动地刻画了猫的一些心理活动,把猫想象成一个具有灵性的小家伙,可以每天写日记,以这个形式来推动剧情的发展,这个处理是非常有意思的。

这部影片有很多感人之处，首先，最令人感动的是让我们看到有这样一群年轻人，把自己所有的经历、能量、热情都投入在乡村扶贫、支教及振兴的事业中，不计得失地把所有的情感都投入这片土地。这就使观众最终能获得强大的力量，鼓励他们把能量、情感投入每个人所在的位置上。其次，这部影片确实体现了扶贫先扶志的理念。小王老师在第一堂课上就讲了"志"这个字，而当孩子们毕业以后写信给小王老师时，信里处处体现了每个孩子不同的远大志向，这是非常让人感动的。最后，小王老师对孩子们的爱获得了回报，他的爱影响了所有孩子树立远大的志向，影响了村民们改变观念。所以当他生病的时候，这些孩子和村民也都来看他，从而让人感觉到红旗村不仅是风景美，而且有人情味，表现出共产党员干部和人民群众非常深厚的情谊。影片通过一头一尾两张大合影的拍摄体现了一种变化，即由于小王老师的到来给红旗村的教育事业带来的变化，孩子们从无序的、比较散乱的状态转变为统一的、规范的、守纪律的，而且想要学习的状态。那只猫也从捣乱的状态变成了跟大家一起拍照的、认可小王老师的状态。整部影片其实是乡村扶贫振兴的一个缩影。有物质上的提升，比如小学从一个旧的状态经过翻修成为一个新的学校；也有精神方面的提升，比如孩子们都树立了远大的志向，村民们改变了一些原有的观念。而且乡村振兴也因地制宜，由于乡村风景优美，所以成为旅游、写生、研学的基地，又因为有桃子这种特产，所以人们用大王做网红神兽来带动桃子的销售。整部影片在拍摄之前也做了很多的调研工作，特别是去了安徽歙县阳产村，这个村子有三百多年的历史，整个村子最高处就是小学，所以影片呈现出来就非常接地气。

近几年来，动画公司推出了很多主旋律动漫作品，尤其是2021年迎来建党100周年，2022年又迎来党的二十大胜利召开。2021年迎接建党100周年拍摄的动漫，主题可以辐射的范围较广，包括战争、建设等。献礼党的二十大拍摄的动漫，将更聚焦从2012年到2022年新时代中生活的巨大转变。《下姜村的绿水青山》《幸福路上》以及《大王日记》，都是基于这十年感受到的切身变化来创作的。希望在未来建成社会主义现代化强国的征程之上，动漫能够更多地发挥作用。

第二节 传统艺术：为动漫注入新活力

传统艺术涉及的范围非常广泛，如汉服、非遗、老字号，以及茶道、花道、香道、古琴等传统生活方式，还有很多带有传统意味的日用品消费领域在近年都受到重视、得到复兴，可以说已成为风尚。国潮的兴起是一次颜值与内涵的共生，不仅代表了中华优秀传统文化元素和现代年轻人审美的融合，更是让东方美学与中国哲思又一次获得了话语权。传媒艺术跟传统艺术不是对立关系，而是包含的关系，包含了传统艺术的转化。因为传统艺术离不开利用现代传媒走向公众，但同时传统艺术依然保留特有的光晕，在自由地、有限地增长。

一、戏曲艺术

《白蛇传·情》这部电影是拍给年轻的电影观众看的，而且是一部粤剧电影。

第一，这部电影将中国传统戏曲带入了"大片时代"，戏曲毕竟是东方传统艺术写意的一种表达，而电影是比较写实的艺术形式，要在整部影片里面用特效搭建一个写意跟写实的情景。水浪在技术层面来讲，无论数据量还是制作难度都非常大。西方的美学体系是讲光影和反差，东方美学讲的是形、神、气、韵，画面质感保留八分实两分虚，电影在水浪之间增加了一些水汽和雾气，在虚实结合之间把东方的美感在这种大水浪当中呈现出来。

第二，可以从这个电影当中看到中国风水墨画的意境。戏曲艺术来源于生活，但是对生活进行了高度概括，电影在所有的场景氛围、美术搭景、道具制作、服装设计，包括鬼武大戏的部分都表现出了水墨画的美感。

第三，声音。在这部电影当中，在粤剧这部分的处理上，影片大胆地做了一些创新。戏曲音乐本身，如梆子锣鼓点儿，很多乐器音色偏实，更多的是在节奏上帮助演员展示身段。当电影演员进入电影表演情景里来，有时则需要西方的音乐介入。如白素贞在金山寺跟罗汉对打的时候，用西方乐队进行配乐，表现演员那种细腻的情感。最后水漫金山那场戏气氛宏大，影片做了很多电子乐音效，动效很摇滚，同时演员的唱词、唱腔上也有很多改变。这个故事观众很熟悉，但作为一部戏曲电影还是让观众有了一种清新脱俗、耳目一新的感觉。

我们有自己的文化，我们的美学是有一定的高度的，是不次于国外的艺术形式的。多一个年轻观众看这部电影，就会多一份传统艺术的传承和发展的血液。

二、当代水墨

水墨动画是中华民族动画中非常具有标志性的特征，具有独特的审美，在文化交流的过程中能够找到定位。

（一）水墨画风在国产动画中的体现

动画电影《新神榜：杨戬》用三维渲染水墨技术打造的"太极图大战"情节，灵动的山水场景充满东方美学韵味，赢得了观众的赞叹。与此同时，动画电影《深海》发布的首支预告中，主创耗时两年开创性研发出的"粒子水墨动画"，五彩斑斓的场景带来了极致的梦幻感和想象力，给水墨赋予了新形式、新活力。

2022年是中国动画电影发展的第一百个年头，中国动画走过的百年中，一直和新的技术相伴。这两部影片运用水墨的程度，还是有很大差距的。水墨画是中国绘画中一个非常独特的画种，强调墨分五彩。这两部影片中，很显然都强调了水墨的渲染，有种凌厉、豪放的感受。两部影片都自觉和不自觉地赋予影片这样民族化的艺术内涵，在《新神榜：杨戬》中，水墨动画写实的作用更多，《深海》的意境又很特别，写意的效果更强。水墨画的表现力，不能只重写意，也可以写实、写具体。追光动画前面的几部电影中，也曾大胆尝试通过太极图表现水墨的特色，总体上是成功的。动画电影《深海》中提到的"粒子水墨动画"，源于三维软件当中造型的一种渲染模式。如烟、爆炸通过粒子的渲染可以产生千变万化的效果，运用粒子的模式表现水墨风的这种尝试是一个很好的方向。动画电影用了当今最前沿的一些技术去挖掘本民族传统，尤其在《深海》这样的电影中，大量地运用了运动的纵深镜头，也说明团队敢于创新。

电影作为大众艺术，有一些水墨味道的设计，是一个很好的"调味品"，但最主要的还是要讲好故事，否则水墨做得再像，无非就是绘画动起来。我们在看水墨动画的时候都会有一种非常久违的感觉。但是20世纪60年代，水墨动画曾经惊艳四方。那个时候的技术还相对比较难，但创作者们依然选择创作水墨动画。上海美术电影制片厂的时任厂长特伟❶，水墨动画的创始人之一，就号召走民族化道路，不重复自己，不模仿他人。他研发成了世界第一部水墨动画片《小蝌蚪找妈妈》，把黑白灵动地展现出来，让观众看到的不再是纸上的绘画作品，而是活起来的，当时技惊四座。在《小蝌蚪找妈妈》成功后，电影人在这个领域继续创作。比如后来的《牧笛》，再后来的《山水情》，都是非常具有时代特色的水墨动画。现在的水墨动画已经不像前辈们那样需要一张一张地画，画完以后还要用胶片的多次曝光、多次拍摄的方式，传统的动画可能拍一次就一格，而水墨动画可能要拍若干次，甚至几十次，而且一格都不能差，所以传统水墨动画的制作模式非常繁重、复杂。21世纪后，三维技术、数字技术的发展令水墨动画以新面目、新形式重新回到人们的视野当中。这种坚守本民族特色的艺术道路，为中华优秀传统文化赋予现代化的精神，是创作者们共同努力和追求的目标。随着技术不断进步，很多传统的艺术都将在这种新技术面前体现出大美风范。

动画短片《生生不息》是在第十三届全国美术作品展览上获得铜奖的一部作品。全国美术作品展览是中国美术界的盛事，五年评一次，入围难度非常大。《生生不息》是吉林艺术学院许国军老师的作品，以长白山为背景，讲述了一只松鼠妈妈在冬天遇到了大风暴，被迫和自己的孩子分离，经过不屈的抗争，最后又回到了这一片森林的故事。影片洋溢出了许国军老师自己浓郁的个人风格——水墨风。整个影片是以黑、白、绿、蓝等这些色彩为主色调，每一幅图都是艺术品，每一帧都可以当作壁纸来使用。作品展现了创作团队热爱大自然，热爱脚下这片长白山土地的深情，并通过画笔和艺术呈现于观众眼前。这部作品有以下几个特点。

第一，画风的写意和叙事的写意相结合。水墨动画本来就比较少，而且近些年由于电脑技术的发达，用电脑生成水墨感的假水墨作品非常多，而像这部影片这样非常真实的水墨感作品反倒是少。这个作品的画风承接了中华传统绘

---

❶ 上海美术电影制片厂第一任厂长，杰出的动画大师，"中国学派"动画创始人之一。

画中的写意色彩，同时叙事也是比较写意的，像开篇的小鹿其实对推进主线没有什么太重要的作用，但是这样一些镜头出现在剧情中，反倒让这个故事显得非常有生机。故事讲的是自然，但是在三分多钟的时候，画面中突然出现了一个人类的村庄和几朵烟花。为什么一定要有人类这个镜头？其实通过随笔，一是表现出春节的时令，二是表现出人和自然和谐相处的主题。

第二，整个影片非常强烈地歌颂了大自然、歌颂了生命。首先通过松鼠妈妈这样一个角色，歌颂了生命的抗争和坚强。影片中松鼠妈妈用手紧紧地抓住那一根稻草，希望自己不要被风吹走，希望尽快地回到孩子身边，这一场景令观众心里非常紧张，这种坚强不屈也给人留下深刻的印象。其次，在松鼠妈妈濒临冻僵的时候，一只东北虎出现了，观众会担心东北虎吃掉小松鼠，但看到东北虎用鼻子触碰了松鼠却没有吃掉，又会感到温暖，体现了生命的这种博爱和包容。最后，也是令人印象深刻的一个画面，就是在春天到来的时候，一棵小草种子发芽，把包皮给撑破形成了一个新的生命，这样一个跃动的过程，体现了生命的精巧与蓬勃，所以整个影片可以说是一个生命的赞歌。

总的来看，这部影片已经达到了像《小蝌蚪找妈妈》或者《三个和尚》这样的艺术高度。与最近几年获得奥斯卡动画短片奖的这些作品比较，在主题、艺术表现上，都是有过之而无不及的，从这个意义上我们也看出今天的动画创作，如果能把视角集中在自己的这片土地、自己的家乡上，从生活之中挖掘主题，一定有机会推出更多的精品。

（二）《影》里的水墨文化

《影》是中国电影史上绝无仅有的一部水墨功夫片。全片看起来几乎每一帧画面都像是一幅精美的水墨画，这是导演又一次的自我突破，大胆使用黑白水墨色为全片的基调，也是国产功夫片在视听语言上的一次大胆探索与创新。同样为武侠背景，导演在2002年的作品《英雄》中已经呈现了令人印象深刻的视觉画面，纯黑、大红、明黄，还有亮眼的蓝绿与白，电影用充满视觉冲击的高饱和度色彩来划分叙事，讲述故事，给影片带来了非常写意化与舞台化的表现。十六年后《影》却采用了黑白水墨这种截然不同的视觉选择，看似一个浓烈、一个朴素，但这并非在艺术效果上做减法，因为水墨之中大有乾坤。其中有一个场景是沛国大臣上朝的大殿，在以往的印象里，上朝一定是在恢宏的殿宇之内，但电影里山水却成了朝堂的舞台。画面中的云气、烟、雾、岚、霭等虚景是用淡墨、清墨处理的，又用焦墨表现了山的倒影，再用浓墨表现了石山，塑造了层叠晕染、言不尽意的气氛。但黑白水墨其实也并不黑白，唐代的张彦远在《历代名画记》中说过，"草木敷荣，不待丹碌之采；云雪飘飏，不待铅粉而白"❶，这就是墨分五色的著名论断。所以水墨乍看起来似乎只有黑白两种元素，但实际上却幻化出了无穷的层次和韵味。纵观全片，导演就是将张彦远的话逐字逐句地给拍了出来，将水墨画的特色发挥得淋漓尽致。另外一场戏，就是境州与杨苍的对决了。境州衣着多为浅色，假扮的子虞都督被贬为庶民，身着浅调的麻衣素服。但白衣服并不是简单的白，而是那种通透轻薄，有透明感和肌理感的白，观众甚至都能感受到角色的呼吸。而杨苍却是一身戎装的大将，头盔铠甲是浓黑焦墨，将光线完全吸收，呈现出了非常坚硬的质感和不容置疑的压迫感，这也从侧面塑造了这个人物的性格。水墨画呈现从来不只是单纯的非黑即白，这点也和导演的主题暗合。人性有恶有善，也绝非简单的二元对立，是善恶交织，有许多混沌幽微，这也正是人性的复杂之处。

国风的作品总是少不了水的存在，《影》的浓墨和《英雄》的重彩，在镜头的快慢调度上有着极大的相似。影片中水的出现常常伴随刻意拉长的镜头，在最电光火石的情境里使用最慢、最舒缓的节奏，这是张艺谋从《英雄》起就持续带着的影子，但是不同于《英雄》，《影》将水的元素更多地应用于剧情中。电影中对水元素的运用变化特别多，几乎每一场戏都有不一样的水。有一场戏是子虞在石窟秘境中训练影子尽忠，在这个秘境里所有打斗的精彩场面都有水珠、水花、水汽和各种细节特写，这就像《道德经》里所说的，"上善若水，水利万物而不争"❷。其实影子境州就像水一样，虽身处卑微，却能变化出各种形态，以弱胜强，无形胜有形。在最后的对决中，水甚至不仅仅是烘托气氛，而是直接参与了剧情。因为连天阴雨，所以江水漫过了境州城的排水口。水漫则盛，水是克敌制胜的法宝，帮助完成了声东击西的奇袭突击。《英雄》

---

❶ 张彦远. 历代名画记 [M]. 杭州：浙江人民美术出版社，2019.
❷ 老子. 道德经 [M]. 沈阳：万卷出版公司，2019.

中，最后那场秦军齐声高喊大风的场景，体现的是雄浑与阳刚，而在《影》中，即使在战场戏份的设计上也有了一些全新的变化。电影里有一句台词说的是，"杨家刀法至高至阳，你等须以女人身形入沛伞，以阴克阳，方有机会破解"。沛伞的设计就是电影的一个独创。伞，本身是为了遮雨的，是偏女性化的，是有美感的。但电影里伞却成了以柔克刚、阴柔绵长的兵家神器。长刀对沛伞的对决，配合宽袍大袖翩飞流转，也有了一种行书莫比的感觉。这样的刚柔对决的画面与《英雄》里书剑相通的概念不谋而合，舞剑时在水面上的招式正是书法的落笔方式。《影》里面的动作设计很有意思。为了练好沛伞，境州和小艾在秘境里需要彼此身体贴紧，与其说这是在练习杀人之术，不如说是在跳双人舞，这里也暗示了境州与小艾心意相通，一目了然，许多观众都不会忘记这个画面。长公主和死侍们侧身蜷缩于沛伞之中，从城中的高处盘旋滑下，境州军队错愕万分，也错失了良机。在生死时刻，决定胜败的不是力量，而是柔软，这就是以柔克刚。除了色彩光影之外，电影里还有许多复杂的场面调度、精密的后期处理，以及演员的精湛表演，都通过导演的匠心独运融为一体。总之，《影》是一部耐人寻味、别具一格的精彩作品，传承着中华艺术的风骨，又涌动着创新突破的血液。

三、文学经典

在中华传统文化资源中，成语诗词及寓言故事中包含着深刻的教育价值和丰富的人生哲理，因此是很多艺术家进行动画创作的主要题材。

（一）《中国唱诗班》：诗文化的艺术呈现

文学题材国漫"天花板"《中国唱诗班》，是由上海市嘉定区委宣传部投资出品的，定位是原创的公益动画。在中国做原创不仅离不开资金的支持，天时地利人和更是缺一不可。《咏梅》这一集的故事融合了嘉定区的历史名人周颢的经历和北宋政治家王安石的绝句《梅花》。中华诗词特别喜欢寓情于景、托物言志，喜欢把优良的品行和美好的事物联系起来。比如，说到兰花就会想到君子，提起牡丹就会想到富贵；而梅花则是特立独行、高洁傲岸的代表，王安石的《梅花》本意也是如此。

中国历史上和梅花有缘的人很多，比如，盛赞梅花的陆游，梅妻鹤子的林逋，偏爱墨梅的王冕，画梅万幅的彭玉麟等。周颢这个人很奇怪，终身刻竹佳作无数，偏偏没有刻过仕女与梅花，这就不免给后人留下了不少遐想。马未都老师说过"历史没有真相，只残存一个道理"，因为载体受限和朝代更替，很多历史的细节信息是缺失的，需要后人去补全。如果只看文字记载的周颢事迹，就会发现这个老爷子过得还挺潇洒，没有孩子，爱喝酒，喜欢到处交朋友，还蓄了很漂亮的长胡子，自号髯痴，老顽童的模样跃然纸上。可他为什么无后，又是如何取得如此高的竹刻艺术成就，历史没有给我们留下更多的信息。所以今天只能根据逻辑去推测那个年代发生了什么事情。在这个基础上，编剧由此创作出一段亦真亦幻，求而不得的人物故事。

看完《咏梅》后，我们当然可以认为本作中的梅娘是存在的，她是梅树的精灵，是周颢放不下的回忆。她和周颢相识于童年，被幼年的周颢从顽童手里救下，长大后在周颢苦练技艺不得突破的关键时刻现身，点醒周颢，后来暗示周颢与她的感情，见周颢不为所动，伤心离去，却又在寒山寻竹时救下周颢，医好周颢后留下那句"阅尽好花千万树，愿君记取此一枝"，这是个很美好的故事。当然，我们也可以从更现实的人生际遇出发，认为作品中的梅娘是不存在的，或者说是无形的。她是周颢毕生对于"美"的认知与追求。早年间，他基础扎实、技艺精湛，却在继承和突破之间举棋不定。后来只着眼梅兰竹菊，苦于求寻世间至美，以至形容枯槁、精神恍惚，在求而无果多日后，周颢终于领悟世间至美不远在万里之外，而从乎于一心。寻常之物，有至真之情也是至美。两个故事最终说明的是一个道理，只是一个浪漫一个现实。毕竟，不是所有人都能遇到梅娘这样的红颜知己，自然也就无所谓错过了，但人们不会因此放弃对美好事物的追求。对于美，每个人心中都有不同的标准，像周颢这种用毕生追求境界的大师，也不免在动画中经历了"看山是山，看山不是山，看山还是山"的过程，历经辛苦，才达到了艺术上追求的"真"与"美"同一的境界。不过，对《咏梅》的解析可不止于此，如果只是强调艺术的追求，那也许王羲之的墨池或者李白的铁杵磨成针更适合。梅娘也不如那个点化李白的老婆婆励志，而《中国唱诗班》的优秀之处，就在于选取了小伙伴们最喜欢的讲述方式，感动我们，再让我们自己去回味所得。

　　人之所以为人，就是因为人有感情，真正更感人的是这部动画里人和人之间的情感。那么《咏梅》的感情是什么，答案是孤独。梅花的特性是傲岸而高洁，王安石是历史上有名的改革家，变法在当时和后世都有诸多的讨论和争议，他自己也常常陷入不被理解的孤独之中。"不畏浮云遮望眼，自缘身在最高层"这句话除了激励自我外，其中那份无人理解的寂寞也可见一斑。这份孤独也是周颙人生选择的必经之路，是千百年来多少文人墨客共同的心声。唐代诗圣杜甫说："语不惊人死不休。"清代诗人赵翼也曾说："赋到沧桑句便工。"正是因为孤独，文人墨客才会在经历痛苦后动心忍性，留下震撼人心的文字或作品。如果这份孤独表现得太直白，那《咏梅》的感情就不是让人泪目，而是心中有苦了。《咏梅》的优秀之处就是把这份千百年来求之不得、不能忘怀的共同情感，用这样美好的故事合情合理地表现出来，令观众看到那些带有悲剧色彩的故事，共情作品人物在遭遇中的痛楚，寻找那些千百年来不变的人性光辉。每当这些情感触动我们，其实我们就又一次重新认识了自己。生活不是单纯的悲剧和喜剧，每个人的生活都是悲喜交加、起起落落的，这才是真实的人生。这些情感曾经被记载在子曰诗云的竹简上，融入在你我柴米油盐的日常生活里，还将继续伴随我们走完接下来的日子。

　　《咏梅》表现出了文气和意境，是对传统文化的彰显，是一部真的中国风的动画作品。《咏梅》很好地体现了中华文化的精髓，也是区别于西方文化的一个特色，就是含蓄，不直白地去表达，而是采用借物寓言、借景寓情等手段来加以含蓄表达。影片中梅娘和梅花树之间的关系仿佛一条红丝一样，非常隐蔽但是又实时牵连着梅娘和主人公周颙，《中国唱诗班》的优秀有目共睹。

（二）简、厚、精、雅——《三个和尚》的艺术特色

　　《三个和尚》算是国产动画里的一股清流，别的动画在做加法，《三个和尚》则是在做减法。《三个和尚》讲的故事很简单，三句话就可以概括："一个和尚挑水吃，两个和尚抬水吃，三个和尚没水吃。"影片人物场景简单，用极其简练的线条勾勒，没有台词，也没有旁白，可以说是上海美术电影制片厂出品的众多作品中最精简的一部。但就是这样一部简化到极致、不到二十分钟

第三章 转换策略：山东文化资源的动漫化表达

的动画短片，先后斩获了国内外七项奖项，每每提及，看过的人几乎没有不对他印象深刻的。其实，《三个和尚》看似简单，实则细节繁多。

第一，动画中有极简的视效和丰富的细节。动画里三个和尚的角色设计非常简练，简笔漫画式的人物设计，凝练的线条，单一的色彩，但三个形象又能够非常明显地区分开来。一个小、一个高、一个胖，分别穿红、蓝、黄的衣服，通过体型和衣服颜色在视角上形成鲜明的记忆点，看一眼就能记住。动画的造型设计是漫画家韩羽，导演阿达本身也是一个漫画家，动画里处处有着漫画式的幽默讽刺和夸张变形，对人物刻画也独到精准。比如，小和尚吐舌头、捂嘴偷笑，体现角色的活泼机灵；胖和尚把脑袋扎进河里，让河水沸腾，则显得幽默夸张。背景设计则尽可能地舍去，无法舍去的也是用简练的线条或色块来表现。比如，三个和尚的出场，通过地面小色块的变化大致可以分辨出小和尚走的是十字路，遇到乌龟；高和尚走的是山里路，遇到蝴蝶；胖和尚走的是水边路，遇到鱼群。胖和尚过河和三个和尚取水，水面都是用简单的几条波浪线和蓝色块来表示的，另外云是黑色的一团，闪电是白色的一条。在动作设计上，则借鉴了戏曲表演中的程式化，通过重复动作来简化，如三个和尚挑水时，都是通过身体的倾斜方向和来回走来表示上坡下坡；胖和尚打瞌睡，画面极度精简但又极度传神。情节设计上也是在重复中形成差异，三个和尚的出场情节相似，但又在相似之下形成区别，小和尚是给乌龟翻身，高和尚是与蝴蝶互动，胖和尚则是放生小鱼。在出场的细节中，不但没有丑化和尚的形象，反而是倾向于"人之初性本善"，体现三个和尚作为出家人的慈悲为怀，也为最后齐心协力"三个和尚挑水喝"做了铺垫。

第二，动画没有台词，聚焦故事本身。在总体声效上，创作者则割舍了台词和旁白，用声乐来配合人物动作和故事的发展。很多实验性的短片都会选择不用台词，比如，饺子的《打，打个大西瓜》，不思凡的《白鸟谷》，经典中的经典《猫和老鼠》，能避免台词和旁白分散观众的注意力，让观众的注意力更好地聚焦在角色的动作神态以及整个故事的发展上。同时，动画在配乐上非常精巧，结合人物性格特点和情节的发展，运用了相应的民族乐器。三个和尚的出场背景音乐节奏都是轻松欢快的，但演奏乐器是不同的。小和尚的是板胡演奏，板胡节奏明朗轻快，体现小和尚的活泼机灵。高和尚的是坠胡演奏，坠胡音色浑厚低沉，体现高和尚的呆板木然。胖和尚的是笙篥演奏，笙篥音色粗犷质朴，体现胖和尚的肥胖厚重。后面三个和尚僵持的时候，背景音乐则交替出现。老鼠的背景音乐也是板胡演奏，但用高音区来与小和尚区分，同时也符合老鼠尖锐的叫声和狡猾的特性。

第三，动画单线叙事，简单明了。《三个和尚》是直线递进式的叙事结构，可以分为三段和尾声，三段有着相似情节。"人物出场、赶路、挑水、念经、出现老鼠"，但三段在重复中又有差异，同时不断递进。《三个和尚》的创作过程是从民间谚语的三句话到文本的动画剧本，再到视听的动画短片，是一个从少到多再从多到少的过程。创作者还在"一个和尚挑水吃，两个和尚抬水吃，三个和尚没水吃"的基础上做了进一步的延伸。"三个和尚挑水吃"给了故事一个圆满积极的结局，让短片主题"齐心协力才能办好事情"更直接具体地得到表现。不难发现，动画在情节和视听上都有模块化的重复，在观看动画作品时，观众其实是不太喜欢重复的，容易审美疲劳，但在这部动画里，重复是精心设计的，在重复中形成差异，在重复中递进，反而给人一种结构上的建筑美，同时也对整个故事起到简化的效果。

简化视听和故事情节都让这部短片简单明了，没有炫技，没有隐喻暗喻，也没有时代的局限，而是聚焦于故事本身，做到老少、中外都能一看就懂。为什么要极度简化短片的情节和视听？因为动画本身改编自大家都熟知的、简单易懂的民间谚语，定位也是教化青少年，所以不会往成人方向做过多延伸，也不能讲得太严肃。如果用过于繁复的情节和画面来表现，则会显得表面华丽但内里单薄，内容与内核不相配。简单地说，如果表面太花里胡哨，内在撑不起来就会喧宾夺主。所以动画极度简化情节和视听，从而让故事本身显得突出，让观众聚焦在这句谚语上，去感悟这句谚语言简意赅的哲理。可以肯定地说，这部动画的极度简化，其实是创作者有意而为之，是删繁就简，是有的放矢，是内容与内核的相互匹配。这一点也可以从导演阿达的文章《动画片〈三个和尚〉的导演构思和工作方法》里得到印证。也正是这样的处理，打破了文化和语言的隔阂，让不同国家、不同文化背景、不同年龄的人都能毫无障碍地领略其中的寓意，让中国的一个民间谚语成为一部走向世界的动画短片，成为一个小小的文化符号，这大概也是这部作品能获得六个不同国家奖项的原因。

第四，动画有着鲜明的民族特色。在极度简化之下，《三个和尚》又有着鲜明的民族特色。故事本身改编自民间谚语，内核就是禅悟式的东方哲思。场景的设计里运用了水墨渲染，动作则借鉴了戏曲表演中的程式化，声乐运用了民族乐器，整部动画在整体上形成了一个和谐统一的内在审美。正如导演阿达所总结的，《三个和尚》是一部"中国的、寓意的、大众的、现代的、漫画的、幽默的、精练的、喜剧的、动作的、音乐的"动画作品。

（三）文学资源动漫化的改编方式

近年来，多部由严肃文学改编的电视剧接连成为爆款，严肃文学作品也成了电视剧改编的香饽饽。电影、电视相对于文学更加大众，更容易传播和普及，在一定程度上会促使大家去阅读原作，增加对电影、电视的理解，也增加对文学的理解。

所谓严肃文学，一是主题是探讨一些严肃的社会话题、人性话题、人生话题。二是叙述方式是非程式化的。三是大部分严肃文学都有文本的修辞感，就是有风格。近几年由严肃文学改编的剧集，很多都取得了不错的成绩，如《人世间》。王蒙、余华等作家的作品也正在被改编，严肃文学改编已经成为电视剧的流量密码。张艺谋、陈凯歌等第五代导演❶的获奖作品绝大部分都是严肃文学改编，包括第四代导演，如谢飞的《香魂女》和《本命年》也都是小说改编。小说改编对于电影一直是一个传统，严肃文学改编电影曾经在电影史上留下了浓墨重彩，但是近些年似乎淡出了人们的视线。严肃文学通常不能太团圆，不是按照观众的愿望，而是按生活的逻辑和创作的逻辑去进行创作。电影篇幅有限，一般两个小时左右，有些长篇小说内容量非常大，改编电影的时候会截取其中某些段落进行改编，但是截取段落也会遇到很多创作上的难题。严肃文学是一个完整的整体，越严肃的文学越完整，如果把一个有文学深度的电影用简单的类型化方式、商业化方式进行处理，最后会发现成品不伦不类。过去有很

---

❶ 20世纪80年代毕业，处于改革时代中的新锐电影导演，思想敏锐，接触民众，聆听苦难，作品富有生机活力，既尊重传统又富有创新精神。

多很好的作品，张艺谋的《菊豆》《大红灯笼高高挂》《红高粱》等作品，既保留了原作的精神本体，同时又非常好地进行了电影化处理。而且严肃文学改编对于电影有一个最大的好处，就是在走向世界的时候更容易引起国际共鸣。因为严肃文学探讨的是严肃话题，这些话题相对引起共鸣的概率更高。其实文学根上是人学，写到人学这个问题上，就容易有普遍共享性。相较于网络文学的爽感和快节奏，严肃文学的影视改编会有更多发展空间。

改编好严肃文学，首先要阅读。电影创作者、文学创作者应该一起来推动文明素质的提升。很多演员是年轻朋友的偶像，他们不定期向大家推荐一些阅读书目，会引起大家的追随。有更多的年轻朋友去看，也会让严肃文学创作者有更高的积极性。随着电影观众观看水平的提升，开始需要电影有更强的对人性的刻画，有更好的故事的完整性、现实生活的复杂性，很多公司已经购买了严肃文学的版权，正在转化成电影，将来我们会看到更多的这种电影、电视、文学和读者之间的互动。严肃文学改编电影非常有价值和意义，人们也不能总吃快餐，有时候也会需要坐下来安安静静地去享受一道美食，严肃文学也是这样，严肃文学改编的电影也是如此。

四、《邋遢大王奇遇记》：奇趣美表象下的深刻内涵

《邋遢大王奇遇记》[1]是中国第一部动画电视系列片，被誉为"美影厂佳作中一颗璀璨的明珠"。老一辈动画艺术家创作动画片都讲究"奇趣美"，《邋遢大王奇遇记》有着远比奇趣美更丰厚的内涵。下面将结合剧情从三大方面进行分析。

（一）奇趣的想象设定

要深入理解《邋遢大王奇遇记》，就有必要了解其创作契机。《邋遢大王奇遇记》是编剧凌纾老先生的原创作品，1985年启动制作，1987年上映。在创作《邋遢大王奇遇记》之前，为创作取材于内蒙古民间故事的动画片《海力布》，编剧曾前往内蒙古采风，发现当地鼠害猖獗，后来与导演钱运达到云南

---

[1] 上海美术电影制片厂1987年出品的动画片，导演是钱运达、阎善春。

收集素材时，又遇上当地正遭受鼠疫，这让凌纾老先生不禁开始思考，《邋遢大王奇遇记》也由此诞生。人们对鼠害、鼠疫的恐惧和憎恨是不言而喻的，14世纪中期，鼠疫曾席卷欧洲大地，造成超过2500万人死亡，20世纪初，中国东北也曾发生严重鼠疫。1987年，中国成立全国鼠疫布氏菌病防治基地，西北和西南每年投入大量人力、物力、财力，防鼠害鼠疫。在这样背景下诞生的《邋遢大王奇遇记》必然寄托着创作者对战胜鼠害鼠疫的坚定决心和信念。《邋遢大王奇遇记》第四集中也用了较多的篇幅来展现欧洲鼠疫的危害，所以《邋遢大王奇遇记》是一部励志冒险类动画，同时也有着时代的烙印。

《邋遢大王奇遇记》以孩童的视角展开了一次平等对话，创作者们突破历史和时代的桎梏，打破以往的惯例，开创性地塑造一个不完美的主人公，是有时代意义的。邋遢大王不讲卫生、乱扔垃圾、乱吃脏东西、调皮又贪玩，但同时聪明、勇敢、机智，敢于冒险和探索。这样一个小男孩，不是高高在上的，更不是凭空捏造的，而是和现实中的小朋友一样有缺点也有优点，淘气顽皮，但本质上是善良的。虽然不完美，但不妨碍他成为一个小小英雄，捣毁老鼠王国，凭借自己的聪明、勇敢、机智重返地面，完成一次励志的冒险，这也体现着创作者个人意识的觉醒。在创作上开始注重以人为本，以观众为本，儿童本位。在情节的设定上，创作者是本着"儿童本位"原则设计的，不以成人认知为依据，甚至有些天马行空。比如，邋遢大王吃变小药后身体变得和老鼠一般大小，黄毛鼠锯子一样的嘴巴、红毛鼠弹簧一样的尾巴，这些夸张的设定以大人思维来看会觉得荒诞，以小孩的想象力来看则奇趣无穷。不是站在教育者的立场说教，而是一次站在小孩视角的平等对话。

（二）成人的思想内核

虽然这部片子的定位是儿童动画片，但仍有着成人的思想内核。老鼠王国是人类社会的反映，有国王、军队和学校，存在着阶级分化、贫富差距、生老病死。有的老鼠恃强凌弱，有的老鼠唯唯诺诺，有的老鼠醉生梦死，有的老鼠向往人类的阳光草地和光明，只不过这残酷的成人世界都被覆盖在"奇趣美"表象之下，小孩子看不透也不用看透，等能看透了也就长大了，同时又不妨碍成人观看，是为"老少咸宜、雅俗共赏"。

故事在成年人奇趣美的想象下，包裹着人文思考的闪光。"不管什么文艺作品，内涵是第一位的。"对《邋遢大王奇遇记》是可以进行多方面解读的。人鼠的善恶冲突，在我们看来老鼠是坏的，传播病菌、偷东西，甚至妄图统治世界。但是在老鼠看来，偷东西是正常的，这是世代传承的生活方式，反而是人类的一些行为对老鼠而言是偏见和伤害。什么是善什么是恶，动画里多处可见这样的反思。其中隐晦地批判了人类中心论，地球不仅是人类的地球，还是所有原本就生活在这颗星球上的生物的地球，应该如何对待其他生物，如何保护地球，关于环保的思考也就显露出来了。

同时故事中还隐含着反战思想。老鼠王国里有现代化军事部队，有机器老鼠，有生化武器，鼠王甚至还幻想着有一天毁灭人类统治地球。这些曾真实发生在人类之间的事，现在发生在鼠和人之间，成为一种讽刺。人类对过街老鼠深恶痛绝，对妄图统治地球的老鼠更是令人不能容忍，嗤之以鼻。而换个角度来看，妄图侵略其他民族统治地球的人，不也正如下水道里的老鼠，令人唾弃和憎恨吗？

（三）文化的传承

《邋遢大王奇遇记》在中华传统文化传承上也做了思考和尝试。邋遢大王进入老鼠王国的过程中，场景的风格是变化的，外围是普通老鼠生活的地方，背景多为日常用品，有国产的，也有国外进口的，不断往里走，日常用品才逐渐减少，古墓特有的氛围和文物器物才逐渐出现。小白鼠学着古墓里的歌舞俑和奏乐俑翩翩起舞这一段，更令人直观地感受到了中华历史文化的魅力，以及历史和现代碰撞的张力和活力。为了设计老鼠王国的地宫场景，创作者们专门到河南郑州南阳采风，考察古墓和墓道的构造。老鼠王国里的很多器具都是根据出土文物设计的，还有很多一闪而过的场景中都有壁画的身影，这些场景的设计、文化元素的运用在剧中不起眼，甚至没有特定的镜头去展示，但观众一旦用心去了解后，就会感受到创作者的用心，感受到其中的文化底蕴。

奇趣的想象设定，现代的思想内核，丰厚的文化底蕴，《邋遢大王奇遇记》带给我们的除了不可磨灭的童年回忆，还有历久弥新的作品内涵，真的值得被称为"一颗璀璨的明珠"。

第三章 转换策略：山东文化资源的动漫化表达

五、《中国奇谭》：传统文化的现代诠释

除了《天书奇谭》《哪吒闹海》《大闹天宫》❶等几部电影，上海美术电影制片厂还陆续出品了内容多元、题材各异的多部动画短片。2021年的B站国创发布会上，上海美术电影制片厂一次性放出了八部动画短片。本次上海美术电影制片厂的短片合集名称暂定为《中国奇谭》，沿袭了部分美影厂民间传说神话主题的老路子，形式依旧是熟悉的短片模式，每集时间十二分钟到十五分钟，为独立的一个个小故事，每一个故事有不同的风格和题材。风格除了比较常见的三维、三渲二等，还有特点明显的定格动画，题材包括了玄幻、科幻、神魔、爱情、喜剧等。按照美影厂提供的有限资料，《中国奇谭》的妖怪可能会打破传统志怪小说的范畴，"妖怪"可以出现在洪荒时代的上古传说中，成为人们膜拜的神灵，也可以参与到科幻赛博的世界背景下，成为对未知事物的某种构想装饰。妖怪还可能是浮动在人们意识世界中的一场浪漫幻想。

在这个系列中，美影厂的导演们将以中国式的想象力和美学情思讲述末世情怀、乡土眷恋、人性思考。《中国奇谭》主海报更多借鉴了系列中《鹅鹅鹅》的水墨风格，海报有着传统山水风格的大片留白，一人湖上独钓，湖面风平浪静，水下暗潮汹涌。如果倒置这张海报就会发现水下的乱流其实是个大写的"妖"字，和上方的朱红印章相呼应，水上水下，两个世界，一线之隔，暗示着要去主动探究志怪文化里的种种传奇。具体的海报相比于主海报，信息就要明确很多。《玉兔》有着明显的兔头形状和机械元素，可能与传奇月球车"玉兔号"有关。《飞鸟与鱼》色彩浓艳，海报有少年热血感，《小满》是二十四节气之一，指华北地区麦子等夏熟作物的种子开始灌浆，还未完全饱满的时期，是剪纸定格动画风格。《鹅鹅鹅》出自骆宾王《咏鹅》，再结合国画的风格，是以古代为背景的故事，这个故事的文字为"梦里不知身是客"，和魏晋南迁以及那个时候的隐逸与风流相关。《小妖怪的夏天》的海报乍看像只山猪，和美影厂之前的西游系列有关。《乡村巴士带走的那人和神仙》是围绕乡土传统和现代生活矛盾的一部城乡变迁的故事。《小卖部》则结合了市井胡同里的生

---

❶ 据史料记载，杨左匋曾以活动铅笔画的形式，拍摄过《大闹天宫》，由英美烟草公司影片部出品发行，是我国第一部取材《西游记》的动画短片。

活和儿童的想象力。从"70后"到"90后",这些导演的年龄跨度着实不小,风格各异,相比当下国漫里成熟的种种画风,我们在这些短片里看到更多的是尝试和实验。上海美术电影制片厂除了长篇动画电影以外,一直在不断发掘民族文化里值得动画化的元素和题材。可惜近二十年来,随着市场的变化、人员和成本的变动、企业内部的调整等原因,美影厂带给观众的惊喜越来越少。也许本次的《中国奇谭》系列能够使观众重拾那种童年时紧盯电视屏幕的单纯快乐,找到那些感动的童年瞬间。

六、《新神榜:杨戬》:"国漫"之魂在于中国精气神

《新神榜:杨戬》在传统文化考据方面花了不少心思,并将之通过巧妙的设计和故事结合了起来。故事发生在一千六百多年前,因为不记得多少年前的大劫导致仙界衰弱,神仙们都失去了飞行的能力,所以这次故事的主要风格依旧是追光擅长的七分国风,三分"赛博朋克"[1]。追光想把"新神榜"系列做成全新的"封神宇宙",确实需要不停地"挖坑埋坑",这也是对编剧笔力的严峻考验。如开场的设定中,"赛博朋克"的神仙岛分别取了《列子·汤问》里的蓬莱、瀛洲和方壶,也就是人们熟悉的海上三仙山。根据设定,所有的神仙都在一场记不清时间的灾难里失去了曾经的大部分法力,现在的神仙们法力比之神话时代有着明显的退步,连腾云驾雾都做不到了,需要靠着混元气驱动的飞船才能去到更远的地方,甚至再远一些还要依靠类似虫洞旅行的"加速门"阵法。电影中杨戬身边的兄弟老姚,也就是太尉兄弟姚公麟,记不清大劫是在什么时候发生的,但结合故事背景中的晋朝以及剧情设定的大劫会有劈山救母的事情发生,上一次大劫其实就是商周封神之战后到晋朝之间的这一千五百多年间,杨戬劈山的那一次。杨戬的设定也在传统的故事上进行了有机改编。电影里的杨戬在宣传片的镜头中自称"梅山杨戬",这主要源自道教的神仙赵昱

---

[1] 赛博朋克,即 Cyberpunk,是 cybernetics 与 punk 的合成词,又称数字朋克、赛博朋克、电脑叛客、网络叛客,是科幻小说的一个分支,以计算机或信息技术为主题,通常有反社会的破坏情节。通常围绕黑客、人工智能及社会矛盾展开。动漫中的赛博朋克具有网络化的"软性"结构系统和冷峻风格,形成了一种别样超技术派的审美样式。

的故事，而在电影中，他还自称李二郎、木二郎，应该是源自李冰的第二个儿子李二郎治水的传说。随着杂剧❶和明清小说故事的添砖加瓦，一个世人熟悉的手持三尖两刃刀，身携弹弓银丸，唇若涂朱、面似银盘的英武将军形象就登场了。编剧在不破坏原本形象的基础上花大力气重塑了人物性格，更多地融合了杨戬劈山救母时的坚毅，灭商保周时的正义和对自己亲人的那份柔情，让一个原本身负九转玄功的阐教三代弟子第一人变成了有血有肉的真英雄。另外十分难得的是本作中哮天犬的模样，哮天犬在很多相关影视里都是黑色的黑背或者狼青的样子，这次终于被还原成了四肢修长、善于奔走的白色中华细犬了。《封神演义》原文说"仙犬修成号细腰，形如白象势如枭"，甚至就连哮天犬善吞这一特点也被追光细心还原到了动画战斗中。

经过开头的"赛博朋克"仙岛之后，场景转到了杨戬和沉香修行的金霞洞，成堆的太湖石和流瀑，很快把我们拉进以传统园林构建美学搭建的神话仙界。从这点能看出在赛博仙界之前，新神榜的仙界曾经也是传统文化中的样子。故事对应的历史为魏晋的乱世。在影片中，神界衰落大劫来临，人间战乱四起，民不聊生。为了贴近这段乱世的历史背景，故事的不少地方都很巧妙地引用了魏晋时期的诗文。如宣传片中敦煌飞天的那段歌词，改编自《洛神赋》，体现了浮生须臾、天道如常的无奈，也用洛神和曹植的人仙殊途暗喻了后来沉香寻亲的结局，还有申公豹登场时念的那句"天地一朝，万期须臾"出自刘伶的《酒德颂》，申公豹逃出北海泉眼后锐气尽失，嗜酒消沉，也和魏晋乱世时期隐士避世的行为十分类似。不同的是申公豹仍有不甘和复仇的心理，至于最后的绝命辞，则是曹丕的《善哉行·其一》。原文为"人生如寄，多忧何为。今我不乐，岁月其驰"，大意是人生百年只是过客，应及时行乐，坦然从事。申公豹这个角色在新神榜中是以亦正亦邪的方式出场的。在《封神演义》的原著小说中，申公豹是邪术高深的奇人，比如用分头行动去骗姜子牙的封神榜，就把这个同出于阐教门下的师兄吓了一大跳。

电影里的设计造型和器物经过了严谨的考证，以及合乎剧情逻辑的大胆创

---

❶ "杂剧"名称出现于晚唐，到宋代才渐为人们所熟知，当时把各种戏曲、木偶、杂技都称为杂剧。宋杂剧主要是滑稽戏和歌舞戏。

新。如杨戬的小船驾驶舱,空间和结构的灵感就和魏晋时期的主流家具胡床十分类似。杨戬去见神女时,登上的建筑像极了敦煌的九重阁,后面巫山神女的那段煮茶基本还原了陆羽的《茶经》记载的流程。八角零花镜和长着羊角撞钟的饕餮还原度高达百分百,杨戬和小葫芦仙脚上的木屐也充满了魏晋特色。而巫山神女感慨褒姒和周幽王也是因为在传说故事里有着类似的记载。

七、《雾山五行》：视听艺术下的文化寻根

《雾山五行》的画面极具张力,不说完美,但绝对是别具一格、自成一派,而且是属于中华的一派。里面许多充满力量感的镜头都运用了皴擦的笔法,皴擦的笔法在国画里大多用于山水。从第一章看,《雾山五行》大抵是以青绿山水为骨,以金碧山水等诸多山水为血肉,再尝试将现代审美和色彩融入了画面作为皮,进行了一次突破性的创新。另一个绕不开的话题,则是五行,五行作为中国古时的一种哲学思想,最早由道家提出,广泛应用于历法、中医、堪舆、命理等。在道家思想里,五行并非五种元素,而是可以将万事万物按照五行进行归类总结。其实《雾山五行》中还有很多传统文化的缩影,如立在雾山深处的碑、悬哥烧的瓷、神兽的造型、片头曲的藏头等,从《一人之下》的打戏考究,到《大理寺日志》的还原历史,再到《雾山五行》的国画山水等。中国的漫画也许还没有真正崛起,但已经找到了属于自己的路,一条名为五千年文化长河的路。

总之,《西游记之大圣归来》《大鱼海棠》❶还有《白蛇：缘起》❷,最近的动画电影基本上脱胎于中华民族的文化内容,或者传统文化的元素,运用了更新的讲故事方式。如《西游记之大圣归来》里面,讲孙悟空在面临新的危机时,他不再是以前那个简单的有正义勇敢、有爆发力的英雄,他也有困扰,要走到心里去寻找自己。很多的日本动画大师,创作灵感也是来源于中国的传统文化元素,如日本动画大师手冢治虫的《阿童木与孙悟空》。中日的创作交流

---

❶ 《大鱼海棠》,2016 年梁旋、张春导演的中国动画电影。

❷ 《白蛇：缘起》,2019 年追光动画和华纳兄弟共同制作的动画电影,导演黄家康和赵霁,改编自中国民间传说"白蛇传"。

其实起源很久，手冢治虫探讨创作缘起时经常讲到自己受到了《铁扇公主》的启发，但是他并没有拘泥在孙悟空上去做文章，而是用了一个科幻的方式来探索对于孙悟空的理解。如面对邪恶挑战的时候，阿童木敢打敢战，非常勇敢而且善良，其中有很多孙悟空的影子，而且不仅是阿童木，《龙珠》其实也是脱胎于《西游记》。所以今天的创作者怎样从手冢治虫和鸟山明身上去学习，如何从新的角度去挖掘优秀传统文化的内容，是特别值得探索的问题。

第三节　继往开来：神话传说经典重塑

山东的神话传说非常丰富，是动画创作取之不尽的宝库，这些超自然的形象和幻象代表着本民族的精神特质。神话传说绝对不是原汁原味拿过来就可以用在动画中的，因为毕竟时代在不断变化，人们的内心世界同样在变化。把这样的变化体现在作品中，继承式地发展、创新式地发扬，才能够让这样的作品从外在走进人们的内心中。

一、神话传说动画作品的创作分析

（一）《九色鹿》：神话故事的文化价值

《九色鹿》[1]是国产动画代表作之一，更是敦煌艺术的代言人，还和游戏、美妆等多个领域跨界联动。《九色鹿》能获得如此殊荣，与背后的文化内涵密切相关。相比于《葫芦娃》《黑猫警长》这些纯原创的IP，孙悟空背后有《西游记》文学名著的支撑，《九色鹿》背后则是敦煌壁画这一文化宝库。莫高窟壁画《鹿王本生图》采用横幅长卷连环画形式，不是常规的从左往右或者从右往左看，而是从两边往中间看。全图大致可以分为五部分，分别是溺人落水、九色鹿救溺人、溺人跪谢；王后要国王捉鹿、溺人告密；乌鸦唤醒九色鹿；溺人引路、国王带兵捉鹿；九色鹿向国王控诉，壁画重点落在画面中间的九色鹿向国王控诉，突出故事向善的主旨。相比于壁画，动画《九色鹿》添加了不少

---

[1] 佛教壁画中的《鹿王本生图》绘于敦煌257号洞窟的西壁中部，是北朝敦煌石窟壁画的经典之作。

壁画之外的想象和细节。

第一个细节是动画开篇的一盏灯，是我国国宝级文物长信宫灯，属于汉代的青铜器，因灯身上刻有"长信"的铭文而得名。长信宫灯因为环保理念和精湛工艺，被誉为"中华第一灯"。开头的场景长信宫灯照在古老的敦煌地图上，让人想起海子的一句诗，"明月如镜，高悬草原，映照千年岁月"，这盏长信宫灯也映照着我们的千年历史。以此作为影片开头，就像是从一本厚厚的巨著里轻轻翻开其中一页，历史的厚重感一下就出来了，这种感觉是无法用语言形容的。

第二个细节是国王宫殿里的摆饰物，正是大名鼎鼎的马踏飞燕铜奔马。铜奔马也是我国国宝级文物，汉代青铜器，铜奔马出土于甘肃省武威市雷台汉墓，所以在《九色鹿》的世界里，铜奔马文化经由丝绸之路传入这个国家也是有可能的。这个小小的摆饰物让人一下子就联想到了那条伟大的丝绸之路。

第三个细节是动画里古国的城楼，壁画里是没有城楼的，只有一个简单的牌坊。动画里的城楼并不是虚构的，而是参考嘉峪关城楼创作的，古朴、简洁、恢宏，敦煌博物馆藏的唐代彩绘陶镇墓兽应该是城门上方图案的原型之一。镇墓兽是古代墓葬中用来镇摄鬼怪，以保护死者灵魂不受侵扰的随葬器物。动画里溺人一见到镇墓兽就慌得不行，在溺死之前又再次看见了镇墓兽，这暗示着溺人死后将化成恶鬼，恶有恶报。

第四个细节是王后梦鹿的情节，这整个情节都是动画新增虚构的，其中出现了多种神兽，可以说是奇禽瑞兽满天飞，并且几乎都可以在敦煌佛爷庙湾出土的画像砖中找到原型。动画里这些神兽不仅是参照当地出土文物画个动物这么简单，还可以有进一步的理解和解读。最开始出场的是四位宫女，四位飞天，两个人面鸟身兽，两个奇鸟。然后接下来出场的是五匹飞天白马，白马在佛教中有很大的渊源，东汉时期佛教第一次传入中国就是两位印度高僧用白马驮佛经佛像西来洛阳，从此佛教在东亚传播开来。为了纪念白马驮经，汉明帝时兴建了洛阳白马寺。洛阳白马寺是中国第一古刹，现在是国家4A级景区。接下来出场的是三头飞天红牛和六头飞天白象。白象在佛教中有强烈的象征意义，有"浮屠母梦白象而孕""仙人骑白象"的记载和传说。而佛陀的转生前世不仅有鹿王，也就是九色鹿，还有象王、猴王、龙王、鱼王、鹦鹉王等多种生物，所以白马、红牛、白象似乎也可以看作佛陀的前世，但可以肯定的是它们代表的意义是积极正向的。再接下来出场的是中国的传统神兽，两头麒麟和四方神兽朱雀、玄武、青龙、白虎，最后出现的应该是老鼠和龙。其中既有外来佛教的瑞兽，也有中国传统的神兽，动画这样编排并非凭空想象。中国本土的崇拜和信仰根深蒂固，佛教传入中国后，与中国传统文化发生了激烈碰撞，也受到了本土民族神话传说的影响。敦煌画像砖中出现的神话人物和奇禽瑞兽也出现在了敦煌石窟壁画中。所以，王后梦鹿这一情节既可以在剧情上起衔接作用，也可以看作佛教与中国本土文化的大融合，隐喻佛教在中国的本土化。

《九色鹿》的故事最早起源于印度，这期间九色鹿的故事情节不断丰富完善，从最初的印度故事——王要杀鹿，鹿跪地问王，到译本故事——王要杀众鹿，鹿王请求为众鹿献身，再到现在所看到的敦煌壁画和动画电影，溺人出卖九色鹿，九色鹿站着叩问国王。九色鹿的形象已经逐渐弱化了佛教的象征意义，成为真善美的代表。九色鹿故事的创作形式也在不断变化，从印度的浮雕到克孜尔石窟的壁画组画，到继承中国传统的长卷轴连环画，再到中国动画学派的动画电影，一路下来都是在不断继承和创新。《九色鹿》动画的整体风格是以敦煌北魏时期的壁画风格为基调，并融入隋代和初唐壁画风格，这也是在继承和创新。所以敦煌壁画《鹿王本生图》，是古代画师用美学思想讲故事，而动画《九色鹿》则是当代动画师们在用本土的文化来讲故事，并深深地打上了自己的文化烙印。已经不仅仅是一个关于九色鹿的故事，而是文化和历史的交融和累积。

（二）《渔童》：传说重述与革命记忆

《渔童》是国产剪纸动画里非常优秀的作品，可能在剪纸工艺上不是最精湛的，但在电影语言上是有品位空间的。

1. 关于动画

《渔童》是上海电影美术电影制片厂1959年出品的剪纸动画，是继《猪八戒吃西瓜》之后的第二部剪纸动画，改编自民间文学收集家张士杰收集整理的同名民间传说。故事1958年首次发表于《民间文学》杂志，上海电影美术电影制片厂的另一部剪纸动画《人参娃娃》，也是改编自张士杰的同名故事。《渔童》是鸦片战争之后，义和团运动之前流传于渔民间的民间传说，这也奠定了这部动画爱国"反侵略"反压迫的主旋律。故事叙说了当时底层人民在帝国主义侵略和封建王朝的压迫下屈辱不甘，愤懑即将喷薄而出，将美好的愿望寄托在这个奇幻的民间传说上。"渔童"这一虚构的人物不仅能给穷苦百姓带来财富珍珠，还驱赶了侵略偷盗的洋教士，惩罚了压迫剥削的执政者，是当时处于水深火热中的底层人民的一种朴素的愿望。

2. 电影质感

看了动画，我们会有一种中国人必胜的大快人心的快感，站在后人的角度来看，我们的确是胜利了。但是最开始创作传说的人民，未来是不明朗的，所以动画创作者是在通过一些对比，来加强这种坚定的立场和必胜的决心。当时是一个内忧外患、生活艰苦的灰暗时代，渔民被禁止出海，无法打鱼，还要被强征渔税。但动画整体色调是偏暖色调的，还用了不少篇幅展现港口的开阔壮丽和渔民的热闹生活。山河壮阔却被外来者侵略偷盗，人民必然会起来反抗，保家卫国，也更加反衬侵略者和卖国者的可憎。在构图上，老渔民多处于画面的中心，身体曲线横平竖直，甚至在画面中顶天立地，洋教士和县官班头的曲线则多是倾斜的，一正一邪，其中表达的内涵就不言而喻了。老渔民和洋教士、县官同框的构图就更加明显，老渔民要么占据画面的大比例，要么处于画面绝对中心的位置。在拍摄上，对渔民多用平拍和仰拍，对洋教士和县官则是不易察觉的俯拍。相比于《猪八戒吃西瓜》单一的移动平拍，《渔童》使用了多层景的移动，结合镜头语言营造景深效果，摆脱了皮影戏❶平面效果的局限。开篇一组推移降的镜头，把港口像一幅画卷一样铺展开来，大方又大气，用长镜头展现渔民的劳作场景和热闹的街市，不仅体现出了剪纸手工艺术的精美，更体现出了创作者调度的功力，还有很多空镜头也很有意境，像波浪翻涌、大雨倾盆，渲染渔民生活凄苦的氛围。动画已经注重景别的切换和意有所指的特写，

---

❶ 皮影戏又称"影子戏""灯影戏"等，它起源于我国西汉时期的陕西关中地区，有着现代"电影始祖"之称的皮影戏是世界上最早由人配音的影画艺术，距今已有两千多年的历史。

班头前来催缴渔税这段，老渔民始终处于渔网的后面，像是被一张大网束缚住，隐喻沉重的渔税就像一张大网，班头在船上摆弄斧头恐吓老渔民，最后镜头落在锋利斧头的特写上，隐喻执政者的剥削就像一把利斧砍在底层人民的身上。

3. 角色设计

动画篇幅不长，但出场的人物不少，而每个人物设计都不一样。哪怕是很次要的围观群众，脸型、妆容、衣服也是有区别的。如果对人物进行对比，不难发现渔民们的角色都身强体壮，神采奕奕、目光有神。主人公老渔民尽管须发花白，但仍身强体壮，面色红润，有不屈之脊梁的意味。其他渔民也都呈现出孔武有力、坚毅有神的精神面貌，颇有一番即使国家风雨飘摇，人民中仍有希望之火的寓意。动画对反派角色则进行了妖魔化处理，使他们显得面目狰狞，班头的嘴唇大而肥厚，有血盆大口之意，讽喻当时的执政者不管渔民死活，蛮横暴力催收渔税，压迫剥削渔民。县官眯着一双眼，双目如鼠、目光如豆，讽喻当时的执政者目光短浅，甘当走狗，苟且偷生。在众多不一样的角色中，衙役的设计却几乎完全相同，脸色煞白，肥头大耳像傀儡一样，讽喻他们毫无思想，机械死板，是县官的走狗和帮凶。渔童借用了哪吒的形象，在神话故事里，哪吒有反抗父权和反抗封建礼教的角色内涵。渔童借用了哪吒的形象，成为反帝国反封建王朝的象征，代表着人民的意志，惩罚驱逐了帝国侵略者，惩罚唾骂了封建执政者。对比各个版本的哪吒形象，渔童的角色外形缺少了那么一些灵动，可能是一缕缕粗刘海的缘故。动画在角色设计上有意强化了渔民的形象，丑化弱化了洋教士和封建执政者的形象。这种爱憎分明的角色设计让人能够感受到创作者强烈的情感。当然角色不一定要好人就端正，坏人就丑陋，这样太刻板印象了。但渔童展现出来的角色个性和创作者的主观意识是可以让人细细品味的。

（三）《新神榜：杨戬》：全新角度讲述杨戬的故事

《新神榜：杨戬》讲述了天眼受损的落魄杨戬与救母心切的外甥沉香相遇后，两代人共赴奇幻冒险之旅的故事。

这部电影有以下几个特色。

第一，"混搭"的视觉效果。影片中出现了蓬莱、方壶和瀛洲三个仙岛，其中亭台楼阁、琴棋书画、飞天和机械、飞船并存，可以看到主创者利用古今、东西方的元素进行了混搭。还有一个小的细节，就是所有的战斗中杨戬穿的都是日常的服装，但是当元神出来的时候，元神的造型是传统意义上神的模样，表现出了新旧的共存。杨戬在上山的时候，刚好碰到一个少年骑着牛在吹牧笛，整个段落仿佛是对上海美术电影制片厂里《牧笛》的致敬。可见追光在形成自己整体的美学体系的时候，其实也在致敬早期的动画电影，这也是一种传承。人物关系上也是一次新的"混搭"。如杨戬和外甥沉香的关系，是把两代人劈山救母的故事组合到了一起。

第二，这个电影在设定上另辟蹊径。在《宝莲灯》的故事里面，舅舅和外甥之间是矛盾对立方，二郎神更多的是站在天庭的角度来维系这个体系。所以原来上海美术电影制片厂的《宝莲灯》，或者早期的电影《西岳奇童》都是把二郎神作为反面，对于沉香来说，劈山救母要战胜的是二郎神。而这个电影恰恰不一样，这里的二郎神之前也劈桃山救过母亲。所以这时观众可以看到两个不同的人，一方面在对撞，另一方面又要合作。

第三，追光的动画电影有一个特点，就是从《白蛇：缘起》以后，更明显面对青少年甚至是青年观众来制作动画电影。杨戬很帅，而且他的帅是经历过沧桑的，他表面上玩世不恭，但内心有痛苦，他有自己的使命，而且曾经是赫赫有名的二郎神，但出场时却被所有神仙轻视，这是这么多的动画电影中很特别的一个二郎神，更接近年轻人的审美。

《新神榜：杨戬》是一部诚意满满的作品，创作团队在里面融入了大量的文化元素，从每一个道具、每一个图案中都可以看到很多中华优秀传统文化的元素。

（四）《幻梦山海谣》：国漫神话题材的出路

《幻梦山海谣》是一部原创的山海经题材动画，观众们既熟悉又不那么熟悉的《山海经》具有很大的塑造空间，因为《山海经》已经搭好了一个适应性、包容性都极佳的背景舞台，就等着创作者往里填东西。而且只要用心考据，去还原那些神话中的场景、神兽等，就能起到很好地弘扬中华传统文化的效果。但是这些年神话题材的作品除了《西游记之大圣归来》《哪吒之魔童降世》《白蛇：缘起》这寥寥几部电影佳作，其他的神话题材，特别是和《山海经》相关的题材作品，反响都很平淡。可以说山海经题材的作品基本都还属于摸爬滚打寻找出路的阶段。《山海经》题材想做好，难度很大，因为神话背景过于宏大，其中复杂多元的生灵设定，不怎么接地气的较高立意，以及由此产生的海量美术设定都会令创作者难以把握。

以《幻梦山海谣》为例，在美术场景上，制作组根据《山海经》的记载，用独特的美术打造了一处具有中国意境的山海世界。设计场景构图的时候，参考了传统园林的审美及传统山水画的构图，用这些美术设定互相结合搭建了这些场景。在配色上，冷暖色调的合理搭配隐约看到了致敬老版动画短片的影子。整部作品色调的层次搭配也很自然，烟波浩渺的远处云山，近处星星点点的荧光和花草，画面的协调感看起来令人很舒服，不容易有视觉疲劳。动画里也有不少的2D镜头，这些镜头的美术风格就更抓眼球了。毕竟要做出空间感，同样的成本使用三渲二肯定要多一份表现力，整体的光效和氛围把控都算是上佳之作。《山海经》这类神话已经为作品搭好了舞台，只需要去填充、还原，再加以创新就是一部好作品。而就呈现的效果来看，制作组肯定是用心设计了，如选取了象征中式文化的古琴开启了故事线。在神兽设计上，原版《山海经》的配图其实很粗糙，制作人员在寥寥文字的描写下，参考真实动物的特点和细节，合理想象出了狻猊、云兽、鹌鹑王等神兽的样貌。

但作品的核心问题是剧情有些低幼，且在有些地方剧情逻辑上出现了矛盾。创作一个角色的时候，应该先设定好他的人设，然后通过台词、语气、肢体动作等的刻画来把人设传达给观众。编剧需要代入人设去思考，才能写出一个符合逻辑的故事。而《幻梦山海谣》的人设不清晰，就导致了剧本故事情节不合逻辑。剧本创作的难点在于在设立人设的同时，需要角色的人设符合当下的世界观与价值观。尽管《幻梦山海谣》有个很讨巧的穿越设定，主角作为现代社会下长大的人，可以把社会主义核心价值观带到山海界这个冰冷的世界，但剧中每一次主角和山海生灵思维发生碰撞的时候，都有些生硬。制作组的想法很好，但是在情感刻画方面并不成功，台词对白较为生硬。

在现今画面制作已经达到水准的情况下，打磨好一个能够吸引人的剧本是神话题材可以继续发展的最为关键一步。但这一步也至少有三个难点，需要编剧们去——克服。一是神话故事背景庞大，编剧们要选择究竟是要以小见大地去写这个世界一角所发生的故事，还是要尝试以自己的笔力去驾驭这个宏伟的世界。二是神话题材虽然足够丰富，但难免会碰到题材相撞的情况，此时给观众足够有新意的故事是必要的。而如何在赋予故事新意的基础上，去让故事贴合观众的价值观，或者起到正确的引导作用也是一大难点。三是需要戴着枷锁创作。其实国内有着大把优秀的编剧，可惜在很多因素的影响下，他们有时只能眼看着完整的故事在层层删减下逐渐变得面目全非。《幻梦山海谣》这种冒着传统题材改编风险，费力不讨好的作品还是有可取之处的。传统题材之上的原创剧情，美术场景搭建上的诚意，山海人间奇幻想象的背景创意，再加上古灵精怪的神兽设定，都是值得肯定的地方。

（五）《白蛇：缘起》：经典而陈旧的故事营造"少年感"

《白蛇传》最早的成型故事记载于冯梦龙的《警世通言》第二十八卷《白娘子永镇雷峰塔》。故事背景发生在南宋绍兴年间的杭州，而《白蛇：缘起》这部影片的故事背景在晚唐，讲述了少年少女相爱之后勇闯天涯、生死相许的故事。这样的改动避免了大家由于过于熟悉情节而产生厌倦，具有更加自由的创作空间，便于打造出一个光怪陆离，而且极具传奇色彩的妖界世界观。更重要的原因是塑造出了少年的形象，营造出了一种"少年感"。少年是文艺作品中特别喜欢表现的形象，人类旺盛的生命力、热情、挑战和创新精神，在这类角色中体现得尤为鲜明。影片中几乎所有的主人公都是青少年，对照之下，反派角色则是由中年人或者老年人的形象构成的。这种站在青少年的角度上进行人物设定，对权力上层的中年人发出挑战，并且最终获得胜利的视角，也让青少年观众更容易产生情感的共鸣。

一部影片"少年感"的呈现不仅是塑造少年形象，实际上关系到影片的题材处理、结构、设计、世界观的设定，甚至具体到场景的设计。很多东方元素是中国观众非常熟悉的，正是因为这样的熟悉，所以当利用一些东方元素进行再创作的时候，创作者们也不由自主地会束手束脚，按照原有的审美规律进行创作。但是在《白蛇：缘起》这样的动画片中，更多地融合了现代青少年的审美，用他们的视角来反观这样的传统元素，并且进行破坏、改造、再创作。比如，很多观众对宝青坊的印象非常深刻，这是九尾狐打造的一个妖怪道具的锻造工厂。我们可以直观看到这是一种中西结合，对东方元素进行了非常大胆地破坏、改造、重建。中式药铺重重叠叠，高高摞起的柜子能够像魔方一样随意转动组合，甚至可以像背景墙一样映出后面的奇幻景象。这实际上是把东方元素和现代人的体验做了紧密的结合。这样的设计新奇、有趣、好玩，没有拘泥于原有的文化内涵和审美体系。这种杂糅式的美术风格，在过去的我国香港神怪武侠题材当中屡见不鲜。既用了传统文化元素，又对传统文化元素进行了破坏性的大胆改造。在某种意义上，会带给观众一种不和谐感，或者是拼贴感。但是对于青少年观众来说，恰恰是这样的一种感觉，能让他们体验到强烈的新奇感和独特的趣味。

《白蛇：缘起》所展现出的少年气虽然与当下国产动画电影创作的氛围相呼应，但是某种程度上也透露出动画创作潜在的类型壁垒。从《大鱼海棠》到《罗小黑战记》，从《风语咒》❶到《哪吒之魔童降世》，有太多国漫为了表现少年感而铆足了力气，为迎合青少年观众的喜好而注入了太多的理想主义。但恰恰是太多少年题材的出现容易产生一个问题，即当所有的创作指向都随着少年感的标签去进行的时候，观众将看到的是千篇一律的动画，而不能看到真正少年感电影应该呈现出来的新鲜感和突破性。从另外一个层面来说，就像哔哩哔哩网站（以下简称B站）的《后浪》演讲所引发出的反效应，动画市场还是需要一些不那么"恰同学少年"的类型，需要《西游记之大圣归来》这样诗意的落魄英雄，需要《大世界》这样平凡的小镇青年，需要《姜子牙》这样迷茫的中年英雄，需要更多元化的角色类型去丰富国漫的创作生态。

二、神话传说进行当代讲述的改编技巧

《西游记之再世妖王》这部电影，有两个方面的突破。第一个是唐僧的艺术形象，第二个是选择五庄观这一回作为这次改编的起点。这次师徒四人的形象还是有新意的，电视剧版的《西游记》中，唐僧的形象是身披袈裟、头戴毗

---

❶ 《风语咒》，2018年刘阔导演的中国动画电影。

卢帽、法像庄严的。但这部影片中的唐僧形象，就是一个很干净的形象，让人联想到历史上真实的去西天取经的玄奘法师的形象，所以这部动画电影中的唐僧，更忠实于原著或者是原型。用五庄观这一回作为这部电影的基础，电影给了一个初始的设定，这棵树底下镇着妖王元蒂的元神，佛祖的某个弟子祭出了自己的真气，把人参果树的果子和唐僧的前世金蝉子做了关联，所以整体的设计还是非常巧妙的。这部动画电影无论在形象上、制作上，还有特效设计上，都做了非常多的功课。

影片在传统文化的视觉符号的选取呈现方面很用心，但可能不太符合现代人的审美，或者说没有给现代人的观影体验带来超出预期的东西。这部动画电影尝试呈现一个新的孙悟空，但是观众看了之后对孙悟空其实是失望的，并不能够挑动观众的代入感或者是认同感，没有直击观众的痛点。对孙悟空的改编是很难的，从《西游记》诞生一直到现在，相关人物被反复再创作和搬上银幕，所以在观众的心目中，孙悟空的形象已经定格到勇于挑战、不畏强权的一面。而影片中孙悟空的形象虽然是一个英雄，但是这个英雄显得苦大仇深，其内核无法让当下的观众产生心灵上的共鸣。作为影视改编，要从原著中走出来，要符合当下人的审美，或者符合当下的主题。

日本动画电影《妖怪手表：永远的朋友》中，对日本传说中的妖怪形象进行了二次创作，使凶猛强大的妖怪变成了可爱的萌物，其中人气角色猫又还曾担任东京奥运会动漫形象大使之一。我国电影人也在不断探索神话传说的二创改编之路。关于神话人物的二创应该如何把握尺度和深度，以《妖怪手表：永远的朋友》为例，这部动画最吸引人眼球的就是里面形形色色的妖怪形象，里面出现了很多观众既熟悉又很有新鲜感的妖怪。如猫又、座敷童子还有河童，其中猫又这个角色，可能在神话传说中有点可怕，但是到了这部动画片里，却变得十分可爱。他是靠释放臭气来吓跑敌人的，而且，当这个小妖怪要去办一个正事儿的时候，还会被街边的美食吸引，忍不住趴到柜台上去讨一个吃的。这样的性格其实更像是小孩子。二创是在一个比较完备的故事上进行更新和创新。其实日本的动漫作品中，这样的类型很多，比如《犬夜叉》《千与千寻》，都是把日本传统文化中的神仙妖怪放到了现实世界中，并通过想象力将妖怪变成了人们对神奇世界的幻想。《千与千寻》里有一个河神的角色，当河神进到澡堂子中洗了一个痛快的热水澡之后，从身上洗掉了很多现代人很熟悉的东西，如被人丢进河里的自行车、丢进河里的各种垃圾，或者不小心掉到河里的各种东西。这样一种现代思维和传统文化的碰撞，既有一种趣味，同时又有现代人反观传统文化之后，产生的一种思考。

中国有很多妇孺皆知的神话传说故事或形象，比如白蛇、哪吒，近年来神话传说改编的影视作品有几种类型。首先，神仙形象或妖怪形象再创作。比如《西游记之大圣归来》这部影片，像是一个有点中年危机的孙悟空，当面对妖怪世界的时候，他内心的那种疲惫很像现代的一些在社会和工作的重压下无奈坚持的人。在《哪吒之魔童降世》当中，哪吒不管外在的形象还是内在的精神，都展现出了挑衅权威、不守规则的主题，不仅给观众带来新鲜感，也给这个人物带来一种新的活力。其次，颠覆世界观的再创作。《新神榜：哪吒重生》和《白蛇2：青蛇劫起》两部影片完全进入了后现代主义的一种拼贴式世界中。这个世界当中，甚至有来自各个时代的人，共同生活在一个像废土一样的世界当中，打破的不仅仅是平常看到的人与神仙之间的隔膜，而是现在、未来和过去的那道墙，甚至打破了所谓的魔幻、现实和科技的那道墙。当把如此丰富的元素放到一个作品中的时候，相信观众感受到的是一种前所未有的新鲜感。年轻的网友现在对于国漫非常关注，因为国漫近几年出了好几部精品，在这样精品的势头下，很多国内的网友期待着国漫继续出精品。

改编神话作品并且影视化时，作品的精神内核非常重要，要凸显传统的文化精神和东方韵味。神话传说的二次创作，要警惕故步自封，深入挖掘观众共鸣点，神话故事本身非常丰富，但当改编为动画片时，创作者们似乎只看到了妖怪的法力、战斗的激烈场面，而背后真正会打动观众的东西反而没有被考虑进来。这点是需要所有创作者真正深入思考、严肃对待的事情。在《妖怪手表：永远的朋友》当中，用妖怪象征了人的内心困境，妖怪外表的可怕也好，法力无边也好，背后都蕴含着一种人们对世界的看法。中国的动画电影《大鱼海棠》，也是讲了一个生死轮回的故事，影片蕴含东方哲思。把神话故事融入当代作品中，继承式地发展、创新式地发扬，才真正能够让这样的作品从外在走进人们的内心当中。

三、神话传说在当代文化中的转化和传播

电影《神奇动物：邓布利多之谜》受到了观众的喜爱，其中出现了中国神兽的身影。外国电影也越来越喜欢中国神兽了，这当然是中国文化被世界了解的一个最明显的证据，其他国家始终保持着对中国传统文化的热情，对于中国神兽或者中国文化的理解也是逐渐由浅到深、由表及里，越来越关注到内涵的。比如在《神奇动物》系列里面，第二部里就用到了驺吾这个形象。中国人之所以喜欢驺吾，除了它能日行千里是一个天然的好坐骑外，还因为它是个仁兽。在《神奇动物：邓布利多之谜》中，麒麟是心灵纯净的象征，在选举的时候，麒麟向谁鞠躬就代表那一位选举人的心灵纯净。在中国的传统文化中，麒麟出现就意味着有圣主，实际上也是可以择主的。中华传统文化里对于神兽的推崇，不仅是对某种异能的推崇，而是将神兽作为一种道德化身，实际上承载了中华文化中的天人合一的内涵。电影中对麒麟的诠释已经触及了中华文化对神兽的本质性的理解。在中华文化传统中，麒麟的形象也会发生变化，有一种说法是羊头龙角，覆满了鳞片，但也有一种说法说蹄子像牛一样。在跨文化的转化过程中，为了能够让更多观众体会到这个动物背后的象征意味，所以电影在外形上做了一些调整，为了适合跨文化传播的语境。

很多神兽都来自《山海经》，有几种神兽是特别被银幕青睐的，《哈利波特与凤凰社》《X战警：黑凤凰》和《沉睡魔咒2》等电影中都出现了凤凰。我们中国人所喜欢的凤凰，最早出现在甲骨文中，人们不知道自然界中的风是哪里来的，就会想象风是一只大鸟的翅膀扇出来的，所以"风"字和"凤"字在甲骨文里是同一个字。凰是后起的，《山海经》对凤凰的形象有着一个非常具象化的描述，其状如鸡，五采而文，首文曰德，翼文曰义，刚好体现了中国人最推崇的德义礼智信。《哈利波特》系列里面的凤凰，实际上是在后来文化交流的过程中，印度的不死鸟神话进入之后，后凤凰又增加了一重寓意。今天看到的神兽都是在漫长的时间里面，文化要素互相交流激荡，甚至彼此影响融合的一个结果。以上几种神兽都有着吉祥美好的寓意，还有一种神兽就是与之

相反的了。比如，张艺谋导演的电影《长城》和动画电影《风语咒》中出现过的饕餮，以及动画电影《西游记之大圣归来》中出现过的混沌，看上去都比较可怕。其实这反映了人类在创造怪兽的过程中的两种心理机制，一种就是把所有美好的、理想化的东西堆叠在动物身上，从而创造出了祥兽。另一种其实就是人类把自己对死亡和未知的恐惧堆叠在动物身上，组建出怪兽的形象。古人说饕餮代表贪婪，因为名字里面就有两个食，说它食人未咽，害及其身。张艺谋导演最懂中国的浪漫，更懂得如何向世界传达中国的浪漫，饕餮这样一个恶兽的形象，其实是一种人类共同恐惧的东西。他在电影中所表现的中国故事，往往都是着眼于文化的共通性。中国神兽中有一种特别的存在，这种神兽其实长得很漂亮，也曾经有着美好吉祥的寓意，到了《封神演义》中，就逐渐被妖魔化了，这种亦正亦邪形象中的一个典型是九尾狐。大禹的时候九尾狐是一个吉祥的象征，后来与魅惑人的狐精的民间故事开始逐渐地合流，尤其到了《封神演义》时，其中的九尾狐就接下了以色魅主的任务。九尾狐不仅漂亮，其实代表着女性力量的某种觉醒，可以重新赋予更丰富的内涵，九尾狐的形象重归银幕或者掀起这种银幕热潮，恰恰代表了这个时代某种女性观的丰富和成长。雷神经常在外国的电影中出现，所以想到雷神，很多人就会想到来自北欧的奥丁神系的硬汉形象，但其实中国有自己的雷神故事。《山海经》中讲，海中有一个流波山，一直深入大海中七千里，上面就有一种动物声音像雷声一样，只有一条腿，叫夔，一足，其光如日月，黄帝大战蚩尤的时候，被黄帝抓到后蒙成了鼓，鼓声就变成了黄帝重要的战斗武器。在尧舜时代，这个夔又成了率百兽而舞、通音律的一个角色。中国的雷神一定是个有故事的神，希望创作者能够从其身上挖掘出对自然的热爱，对于花草、树木等这些自然背后的力量的崇拜。现代人的生活越来越理性化、规范化，就更需要一些带有神奇色彩，甚至带有浪漫主义色彩的东西来填补现代生活里的缺失，唤醒人们被压抑的天性和本性。

　　动画《山海经之再见怪兽》讲述了昆仑神医白泽与麒麟男孩羿为解开黑灵的秘密而共同踏上了一场救赎与冒险之旅的故事。近年来，中国神话电影中各类怪兽屡见不鲜，但多以还原神话角色原型为主。这次《山海经之再见怪兽》

尝试给远古神兽赋予现代社会的精神内核，这部电影选择了白泽这样一个人们不是特别熟悉的怪兽作为电影的主角，原因是白泽是一个有身份的怪兽，在神话当中是知道天下一切"鬼神"之事的，在民间还是一个能辟邪的神兽，白泽平时不会出现，就只有在王者有德的时候才会出现。其实从唐朝到清朝，在很多官方正式的衣服、旗帜上面，还有百姓家里的香炉、枕头上面，经常能看到白泽的形象。但是因为从来没有人赋予过他人格，没有给他讲过故事，所以在文艺作品里面也很少看得到。在《西游记》里，白泽只不过是黄狮精麾下的若干个妖精之一，在清代《捉妖记》里，白泽是钟馗的坐骑。但是在这部电影里白泽一反常态，变成了主角。这个电影没有把白泽塑造成一个完美形象，而是变成了生活当中的一个普通人。白泽在解开秘密的过程中，才逐渐地树立起了自己的形象。这其实投射在我们身上就是成长的感知。其实每个人都像白泽一样生活在一个信息过载的社会里面，不断地获得自我的成长，这些都映射到了角色身上产生了更大的共情。这个世界其实也特别呼唤像白泽这样的辟邪神医的出现，能够治愈大家的身体和心灵。影片的编创也做了很多非常有意思的设计。比如，电影中有一个走神世界，就非常有新意，很有趣。还有一个会给大家留下特别深刻印象的是苦山神，其实是从《山海经》的一个叫作骄虫的形象为灵感创作出来的。但是这个骄虫在《山海经》里面只有两个头，在电影里这个苦山神多了个头，三个头就更是观点无法统一，总是想太多。所以这种人格化的设计使人觉得很亲近，这就是自己每天晚上睡不着觉、脑袋里面互相打架的小人的人物形象。这个走神世界的设定太符合当代都市青年的精神需求了。现在这种快节奏的生活中，谁不希望在各种风浪中能有一个自己的走神时刻呢？走神世界就在原地，却让人有了一个自己独有的时间和空间，这就是每一个都市人在生活中最大的奢望。

　　同样是尝试和现代社会做勾连，像《白蛇2：青蛇劫起》《小门神》等东方神话电影是将神话人物放置在现代社会中，而这一部《山海经之再见怪兽》是把现代人的心理特征寄托在了远古神兽身上。这些神话电影，故事本身就很完整了，所以这些故事只有放在当下的社会中，才能营造一种新的疏离感，这种陌生感，才能给我们一种可能的机会和创作的空间。其实《山海经之再见怪兽》中的一些怪兽可能在古代只有一个名字，没有人格、没有故事，用现代人的眼光去重新设计这个怪兽，就把现代人的心理投射到它身上了，这个投射过程其实就完成了这些远古神兽和现代生活的连接。

第一，影片塑造了一个非常不一样的山海经世界，即医术加怪兽的世界，故事发生在一个怪兽的医馆里，因此有很多非常有意思的怪兽看病、治病的情节，非常有想象力。

第二，这部影片是国产动画首次全面聚焦人的心理健康问题。里边讲到了黑灵，实际上这个黑灵就是人的一些负面情绪和负能量。还有一个很有代表性的人物叫苦山神，有三个头，这三个头经常意见不一致，也代表了人在做抉择的时候可能有各种各样的想法，这种无法做出抉择的情境有时候也会给人带来一些负面情绪。当然也有生活的压力等一些现实所带来的负能量，这些都会产生一种叫作黑灵的东西。影片就讲述当这种黑灵产生又无法可解的时候，应该用什么办法来化解。我们会发现，用治疗生理疾病的方式去治疗心理疾病，如以术法等来治疗，可能已经不起作用了，这个时候就要求医师真正地走进患者的内心，聆听内心的声音，去化解心理上的负面情绪。中医是很讲传承的，这个影片中也隐隐讲述了一些。比如白泽的老师是一根人参，身上就有这种大爱、博爱的思想。也正是这样一种博爱，最终才让白泽找到了医治大家黑灵的力量。白泽也不会停在本身，而会把这种能量、这种光芒代代相传下去，影响到更多的人。不要让自己成为一个孤胆英雄，而应该让这种医者仁心的精神得以传承。

对于神话资源动画创作来说，观众更熟悉和更能接受的方式是原汁原味地去呈现那些神话人物形象。研究者并不会觉得有一个神话形象有原本应该有的样子，因为神话永远是在不断地被创作的，尤其是神话在早期阶段是通过口述来传承的，在口耳相传的过程中，每一遍讲的故事都不可能是完全一样的。每一个时代都会有一个重新讲述的过程，这实际上也就是用当下的认知、世界观、审美，对它进行重新创作。其实对观众来说，可能认为小时候见过的形象就应该是这个形象应该有的样子，如果改变了，就是对他们原有的认知挑战，这其实也是让当代人了解这些传统形象的一个很好的

契机。

第四节　现实题材：彰显时代崭新气象

光影照进现实，聚焦现实题材创作，叩问真实的魅力。近几年，现实题材的创作迎来了一股热潮，一大批现实题材的作品引发了观众对生活的思考。现实题材的电影是非常难创作的，有一句老话"画鬼容易画人难"，现实主义题材的创作，描摹的就是真实存在的、正在发生的人和人的生活。大家每时每刻都在感受，都会有自己心中的生活状态和标准，真实不真实，一目了然，谁都有评判的标尺，这就是现实创作的最大难题。虽然现实题材作品创作难度大，但是如果创作得好，是非常容易出精品的。很多作品都面对现实和表达了现实，但表达出来的效果经常被大家质疑，问题就在于很多影视创作在某些方面有一种不太好的倾向。比如两个极端的现象，一种是讴歌式的现实主义，缺乏现实的基础，是伪现实。另一种是把现实中的一些让人不愉快的，甚至是让人产生负面情绪的东西放大，忽略生活中那些美好的、温暖的东西，所以有人提出应当强调温暖现实主义。[1]很多作品是空有现实题材的名义，却缺乏现实主义精神，真实地面对和真诚地表达是现实主义最重要的精神气质，是对未来现实主义题材创作的期待。

一、《妙先生》：成人动画中的现实主义

动画电影《妙先生》改编自不思凡的同名原创短片，电影讲述了一种叫彼岸花的植物，能实现人的愿望却会使人心变坏。为了拯救世界，丁果和师傅踏上了消灭彼岸花的旅程。影片有一个非常好的世界观设定，甚至在世界观的背后也蕴含着一些寓言般的哲理，但当阐述一个全新世界观的时候，如何建立起一个非常坚实的逻辑，既让观众觉得很新鲜，又让观众在走进这个世界的时候没有困难，是值得创作者思考的。动画类型其实很特别，导演非常擅于用一个

---

[1] 胡智锋. 现实主义力作温暖现实. 光明日报 [N].2022-3-30.

画面来隐喻出一种人生哲理。这个虚拟的空间，其实传达出了导演对这个世界的看法，但在这部影片中表达得过于直白了。影片中的妙先生其实不是一个人，甚至应该说不是一个角色，正如影片中台词所说的，是一种信仰。妙先生创造了彼岸花，堕落了人类，促进了彼岸花的生长，让周围人内心的邪恶变得越来越旺盛。妙先生没有露面，但是有说话的声音。动画中对声音的处理非常有意思，是用几重声音重叠在一起的，但在这个声音背后，我们还会听到不止一种像回声一样的声音。这个其实表达出了创作者的理念，妙先生是整个世界的代表，所以当发声的时候，也不是一个人在说话，而仿佛整个世界在说话。《妙先生》这部影片的导演，借由妙先生之口把导演的一些概念传递了出去，使角色更像是导演的一个传声筒，只有为观众打开走进人物内心的突破口，观众才会真正爱上这些角色。彼岸花在很多神话传说和典故当中，都跟生死有关，但动画中导演做了一个延伸。花比喻人类内心的欲望，这个设定有点像指环王当中指环的设定，只不过指环的设定会更明确，拥有指环的人就拥有了一切，甚至当一个好人拥有了无上的权力和力量以后，也会变坏。但是妙先生在具体表现彼岸花的几个层面含义的时候，有些地方做得可能并不完美。把思想传递给观众的最好方式是先打动观众，然后触发观众思考。《妙先生》在文本和技术层面都有诸多不成熟之处，但影片充满了哲学思辨的核心设定，光怪陆离的异世界展现依旧亮眼。作为一部成人动画电影，《妙先生》的出现对于丰富中国动画电影多样性也有着积极意义。

二、《大世界》：荒诞主义下的现实隐喻

《大世界》的影片线索是工地司机小张为了挽回爱情，拿了老板的一笔钱，这笔钱吸引了很多人的注意，使原先看起来毫不相干的人，因为这笔钱，命运交织在了一起。在《大世界》当中有很多群像的展示，动画的名字也表达了这些小人物交织出了一个大世界。虽然是小人物，但是每个人心里面都有一个大世界，也向往大世界，关心大世界。就像小张要带女朋友去整容，瘦皮想把女儿送到国外去留学，这些都是中国当下本土中能看到、能听到的一些事。整个电影从剧情到人物，包括故事叙述都是接地气的，接地气体现在人物的设置和台词上，以及场景的选择上。动画里面很多场景也是生活中常见的，比如网吧、商务酒店。场景在动画电影里面是非常重要的，可能不仅仅是一个背景，这个场景可能会起到连贯剧情的作用。《大世界》是一部有独特风格的动画电影，虽然电影整体风格很冷静，也很现实、很克制，但是最终还是给大家带来了一种温暖的、有希望的感觉，呈现的是黑色、幽默、荒诞的表象，但是表象之下还有一些温暖的善意，告诉我们无论生活中遭遇了什么，发生了什么，春天依然还是春天。

近几年的几部优秀国产动画电影与《大世界》一起构成了四大系列，《西游记之大圣归来》这类名著改编，《大鱼海棠》这种古风神话类，《大护法》这类奇幻类，以及《大世界》这种展现现实世界的作品。《大世界》给国产动画电影的创作带来了变化，可以丰富动画创作和市场的生态。因为动画的外延是无限广阔的，所以应该有不同的类型、不同风格的作品被大家看到。《大世界》是国产动画电影在现实主义题材的探索上迈出的一步，也为国产动画电影市场提供了更多的可能性。

三、《向着明亮那方》：故事是承载情感的"容器"

国内首部原创绘本动画电影《向着明亮那方》是一部相当文艺的电影，受众比较偏儿童，电影的题目商业化较弱，但传递的概念非常准确，看完这部电影以后，观众能够产生向着明亮那方的感受。这部动画电影不同于那些以神话、魔幻为题材，充满视觉冲击力的影片，而是具有差异化的风格，关注现实生活，给全世界的人提供了一个观察中国的不同视角。电影以七个在市场上已经相当受欢迎的绘本做底板，让孩子能够在一个半小时的时间里感受到属于中国人的爱和美。这是一部让心灵安静下来的电影，而且美术风格有自己的特色。电影由多个相同主题的短片组成，体现出了群像共情的特征，就是一批人、一类人，共同完成一个心愿，有相同的情感维系。

在《向着明亮那方》动画电影里，这个共情是家庭的亲情。这七个故事多多少少都跟家庭或者亲情有关。导演把视角放在中国的农村，画面颜色非常鲜亮，有绘本的风格。绘本有很强的功能性，一个小小的绘本，可能会解决儿童怕看牙的问题，解决儿童不敢自己睡觉的问题，而且是用一些特别有意思的小故事解决的。但是这部电影中的绘本没有这样的功能性，并不是从一个非常强的教育目的出发，指向性没有那么强。虽然语言非常中立，但是并不冷漠，把每个人生活中那种辛苦但是却幸福的状态表达了出来。这部影片还有一大亮点就是关注普通人，关注现实生活。七位艺术家的表现各有千秋，展示出了好的美术风格和意味深长的故事。七个故事都是有着绘本底板的绘本故事，这部电影跟观众以前理解的拼盘电影是不一样的，这里面没有一个大明星，而是给了七个年轻导演发挥的空间，让他们把对绘本的理解和爱，忠实于原著地表达出来。绘本艺术审美方面的价值是很高的，孩子不应该整天看那些视觉冲击感特别强的东西，应该感受到细腻和敏感，应该对美、对感情、对表达有兴趣。在绘本的消费领域，有大量绘本是卖给没有孩子的人看的，看绘本带来的不是知识，带来的是安慰。像这样不那么刺激的、温柔敦厚的、充满美感的电影，就和绘本一样，是在按摩大脑神经元。虽然这部影片的宣传力度并不是很大，但这部影片能让人收获到内心的那份感动。希望动画创作者能更多地关注现实生活，并且在影片中融入自己个性化的风格和表达。

结语

国潮出现在生活的方方面面，比如，故宫的伴手礼，电视栏目《中国诗词大会》《典籍里的中国》，把《尚书》这古老的所谓政书之祖、史书之源搬上银屏，成为"国潮"。动画电影这几年也涌现出一批"国潮"，《白蛇：缘起》中的狐狸是中华传统文化塑造出来的一个经典形象，但在电影中以新的形式展现出来，不再是传统的形象，展示了狐狸多面性的文化担当、文化体现。《哪吒之魔童降世》中的"我命由我不由天"，来自道教的说法，也是中华传统文化的一部分，"是仙还是魔由我自己决定"，其实也契合了时代的精神，年轻人不愿意被束缚住，要体现出自己的价值，影片是传统文化和当代之间的良好结合。其实传统文化"潮"起来也代表了一种文化认同，也就是文化自信。

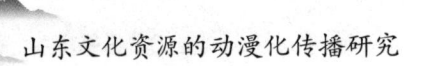

"80后"群体在童年时期看了大量的经典国产动画作品，如《小蝌蚪找妈妈》《黑猫警长》《神笔马良》《三个和尚》等，这是中国动画片比较强盛的阶段。中国动画如何在不断追求创新的过程中不忘传承，而真正要传承的东西到底是什么，这是一个很大的问题，也是一个特别值得去探索的问题。中国动画之所以能够走到世界上，最重要一点就是找到了民族化这样一个特别好的方式，民族化里面渗透了中国的精神、中国文化的题材、中国的表达特色。比如《三个和尚》中，每个和尚出场，就是从小圆圈中出来一个人，但是前景的山坡不用画，是通过留白来表现空间关系的，而上山下山则借助了京剧里面的表演，甩一甩就是下坡，再甩一甩又上了山。而且，《三个和尚》在表演的过程中，基本没有台词，几乎全是用戏曲的音乐、音效来表现，并达到了让全世界的人都能看懂的目的。要找到这种对接口，就像宫崎骏❶在做《千与千寻》一样，影片整体是日式风格的。同时对于欧洲、美国的观众来说，是一个《爱丽丝梦游仙境》一样的故事。所以要保证原来的民族文化内容传承下去，同时又要雅俗共赏，中国的故事才能够在一个全球化的环境里面去推广。艺术需要在交流互鉴中博采众长，创新与融合固然重要，但是对于曾经登顶高峰的国产动漫来说，更为关键的是要在传承好优秀中华传统文化基因的基础之上，做到与时俱进、兼容并包。

　　文化兴则国运兴，文化强则国运强。影视领域应该主动发挥自身的优势，让这一阵国潮风、国潮浪越滚越大。影视领域有着传播文化的天然优势，因为影视就是讲故事，当故事变成一个影视作品的时候，所有的形象都是鲜活的，所有立论都是有血有肉的，而且影视业可以充分利用科技，今天的"国潮"也应和高科技结合在一起。把传统文化中最优秀的部分拿出来，将中国审美、中国价值，用最新鲜的方式表达出来，都是属于当代影视作品的责任，中华优秀传统文化就是民族的根和魂。动画电影应该坚持人民至上，党的二十大报告指

---

❶ 日本著名动画导演、漫画家和动画家。宫崎骏的动画作品大多涉及人类与自然之间的关系、和平主义及女权运动，出品的动漫电影以精湛的技术、动人的故事和温暖的风格在世界动漫界独树一帜，被誉为手冢治虫之后日本动漫的继承者。宫崎骏的作品从20世纪80年代起逐渐进入中国，渐成独特系统，深受中国观众喜爱。

出，要站稳人民立场，在这样的一个关键时期，电影创作更应该担负起观察国家发展、记录社会变迁、反映时代趋势的责任，更应该担负起书写人民生活、疏解人民情绪、抒发人民情怀的责任。

图 3-1 《中国精神》三维动画 作者：姚瑞祥

第三章　转换策略：山东文化资源的动漫化表达

图 3-2　《麒麟传说动画创作》　作者：陈毅

095

图3-3 《神话题材游戏人物设计》 作者：谢冬

第三章 转换策略：山东文化资源的动漫化表达

图 3-4 《传统婚嫁礼仪剪纸动画》 作者：秦冰冰

图 3-5 《黄粱梦影动画创作》 作者：丁倩倩

图 3-6 《定三国游戏卡牌设计》 作者：张超然

第三章 转换策略：山东文化资源的动漫化表达

图 3-7 《中国茶文化动画宣传片》 作者：黄慧颖

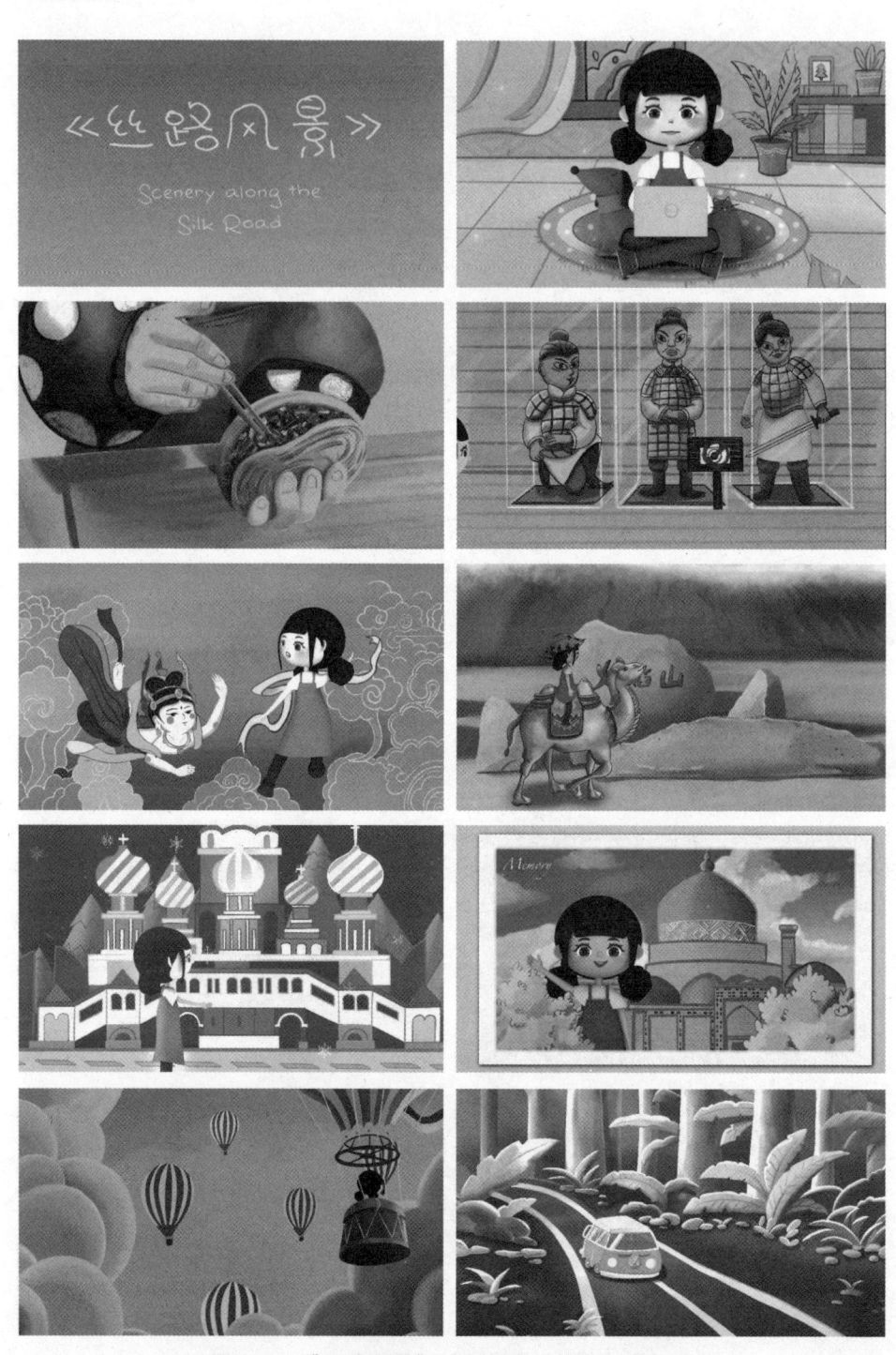

图 3-8 《丝路风景》动画创作 作者：李莹洁

第三章 转换策略：山东文化资源的动漫化表达

图3-9 《遇见汉服》动画创作 作者：庄晓佳

第四章

文化担当：山东文化资源的动漫化传播

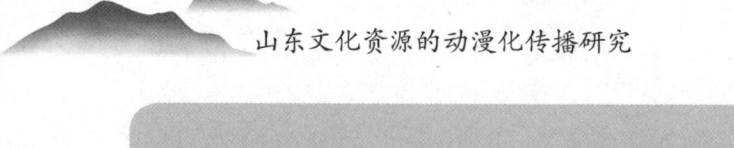

> 国产动画电影应加大对外开放及合作力度，坚定文化自信、推动文化繁荣，做好有温度的文化交流。要想运用动漫影像的表现形式传播山东悠久的传统文化，需要创作者在山东传统文化资源中不断地挖掘和提炼，并进行创新，使山东文化能够更好地传承和发扬。山东的原创动画应该逐渐从国外的影响中摆脱出来，再次形成自己独特的风格和表现手法，同时还要吸收多元文化的特点，使作品能够走出去，使国人都能够接受并且喜欢。

第一节 山东文化资源动漫传播的特点

山东文化资源种类丰富，比如泰山、蓬莱仙阁现在都是非常热门的旅游胜地，已经打破了原来景区宁静的气氛。山东当地的文化资源，可以从民间故事的领域来进行归类，可以按建筑、服饰、信仰、神话的类型进行划分，也可以按民间美术的类型进行划分，如手工绘画、雕刻、剪纸、编织，还有染丝和扎染等。要想培养、继承和发扬山东的文化资源，就要把这些东西提高到自己认识和理解的能力范围中，完全变成自己的内涵。

现阶段虽然很多厂商都在文化输出上做了尝试，但其中大部分都只是停留在最表面的第一阶段，也就是文化符号的输出。比如，一个毫不相关的动漫角色，突然做了一套古装戏曲之类的装扮，看上去向国外弘扬了中国的特色文化，但实际上效果是极其有限的。如动画电影《功夫熊猫》[1]，乍一看是美国动画导演出于对中国文化的喜爱，制作了这样一个系列，但本质上《功夫熊猫》只是一堆中国文化符号的堆砌。如果把熊猫变成印度大白象，把功夫换成瑜伽，建筑、服装都换成印度风格，也完全可以变成一部所谓的印度文化电影。所以无论换多少层皮，《功夫熊猫》依旧是一部纯正的美国动画电影。如果真的把这种文化符号的传播当作文化输出，那日本才是中国文化的最强输出地。比如，

---

[1] 《功夫熊猫》，2008年美国梦工厂的动画电影，导演约翰·斯蒂芬森和马克·奥斯本，讲述了一只笨拙的熊猫立志成为武林高手的故事。

《三国无双》这款游戏就有大量三国元素，将古典元素与现代文化融合本身是一件好事，古典元素本来就是祖先留下来的文化遗产，合理保管与使用是我们的责任与使命。但是我们不能单纯地将文化符号输出当作所谓的文化输出，因为这不是一个文明强盛的标志，反而更像是一个文明衰落之后的墓志铭。若是达到输出的目的，笔者认为至少要像日本一样做到第二层文化产品的输出。前面提到了日本，日本文化产业的实力是相当强大的，尤其是在漫画、动画、游戏这三个领域，日本甚至能够孕育出一个独立的亚文化❶体系，而这种亚文化对主流文化的渗透相当惊人。但日本文化表面看上去有着丰富的文化元素，但内部其实非常空洞。因为日本缺乏对宏观世界的哲学思辨，所以很多日漫在微观、日常的描写上都非常出色。但是一旦剧情开始，一步步走向宏观叙事，日本文化内核的空洞就随之暴露出来。但是对于长篇连载作品来说，宏观叙事又是一个不可避免的问题，因为故事情节本质上就是在不断提出问题与解决问题。而一部作品的创作就可以看作是作者不断地向一个虚拟世界提出问题，然后解决问题的过程。所以随着问题一步步深入，作者最后会不可避免地走向宏大叙事，然后触及一些哲学讨论，而这恰恰是日本文化所缺乏的。大多数作品的开篇设计得都很巧妙，但在面对一些本质问题的时候也只能以英雄主义作为借口草草收尾。不过就算如此，日本的文化产品输出依旧是成功的，成熟的商业模式，强大的文化元素，无论表达了怎样的核心思想，至少能让人喜欢并能够赚到大量的收益，这本身就已经是一种成功了。但是靠卖产品赚钱显然与期望的文化输出有些不同，因为文化输出还有更深入的第三层含义，即文化意识的输出，或者通俗点就是价值观的输出。文化意识输出的影响很大，甚至要比核武器更具备毁灭性，因为武器可以奴役一个国家，而文化却可以杀死一个国家。但其实对于一个国家来说，文化经济往往是一个整体，所以文化意识的输出是无法单纯依托文化产品和文化符号来输出的，而是依托经济发展来实现的。而文化产品中的意识输出就相当于一次模拟，就像一些现实主义作品，往往会在

---

❶ 亚文化又称集体文化或副文化，是与主文化相对应的局部文化现象，属于某一区域或集体所特有的观念和生活方式，亚文化圈具有自己的文化价值和思维观念，动漫容易引发亚文化现象，因其具有高度虚拟的社会化形态和建构，并具有特殊且现实的群体生活方式和文化响应。

小说中模拟出一个与现实类似的世界，然后作者再给出解决办法。其实无论是文化符号产品还是意识，最终都会落到同一个问题上，那就是实用问题。倘若一款游戏不好玩，就算融入再多的文化元素也达不到输出的目的。倘若一种文化意识解决不了问题，就算说得再完美也不会有人追求。所以只有凭借自身真正实力建立起文化自信，才能输出真正让全世界信服的文化。

加强电影强国建设非常有利于加强国家的文化强国建设。从另外一个层面上看，今天电影已经不是简简单单的让人们仰望的艺术品了，每一个地区的人们都应有平等地享受、欣赏电影的权利。从冬奥会的开幕式到冬奥会的闭幕式，再到冬残奥会的开幕式，张艺谋导演一直在用中国式的审美和中国式的浪漫让整个世界为之惊叹。中国电影面向世界，中国电影走出去，其实是有着共性的。《长津湖之水门桥》的票房并不是最重要的，比起经济效益，其社会效益更加值得关注，通过欣赏这部电影，观众能够感受到伟大的抗美援朝精神，这是最值得感动的一点。19世纪中叶的时候，林则徐❶提出"苟利国家生死以，岂因祸福避趋之"。一百年之后，到了20世纪中叶的时候，又有了伟大的抗美援朝精神，这两种精神跨越百年，体现出一种传承。2022年北京冬残奥会的闭幕式向世界展示出了独特的中国式浪漫、中国式美学，用林徽因❷先生的话来形容，就是"情感如诗歌自然地流动，如花香那样不知其所以"，这句话表现出了人们看开幕式和闭幕式时的感触。折柳送别时全场亮起绿色的灯，那一瞬间让人联想到了之前张艺谋导演的《十面埋伏》《狙击手》，还有此前的《悬崖之上》，在其中能找到一种一以贯之的美感，他把这种电影的美再次带到了开闭幕式的语境之中。另外，中国式的审美正在被越来越多的外国人接受。从2008年的北京奥运会，再到2022年的北京冬奥会，在这十几年间，其实中国也向世界展示了我们的奋斗、发展蜕变和成就，中国和世界的对话也在默默地发生着变化。

作为电影人，应该用作品去捕捉和呈现这一切。从2008年到2022年，我们身处的环境和我们面临的世界形势，以及自己内心的思想状态，可能在潜移

---

❶ 林则徐（1785年8月30日—1850年11月22日），清代后期政治家、文学家、思想家。

❷ 林徽因（1904年6月10日—1955年4月1日），中国著名的建筑学家、作家。

默化之间发生着变化。奥运会的时候，有众人击缶的铿锵有力的表达，而冬残奥会则更多是向世界展示作为大国的谦逊敦厚与气定神闲，所以在创作的过程中，我们也要发生相应的改变和调整。一方面国产电影要走出去，另一方面也要建设文化强国，在向世界展示中国文化的同时，更要构建人类命运共同体，特别是在通过电影这样一种媒介形态，来讲给国际受众听的时候，一个重要的问题就是话语阐释的问题。所以国产电影走出去的过程中，如何突出中国特色、使用有中国特色的话语体系，是一个重要的问题。现在全世界正经历一场媒体融合的变革，而电影也要由过去只能在院线里播放，变成走向互联网、走到多种新媒体的空间里，使观众能在不同的场景中欣赏电影。如何看待新媒体和媒体融合所带来的变革，以及如何利用融合带来的新场景，是创作者们必须关注的问题。而在中国电影走出去的过程中，如何充分利用现有的国际传播平台以及如何建设新的国际传播平台，这也是现在亟须获得正视的问题。

第二节　山东文化资源动漫传播的方式

一、各方联动：多元营销模式，关注平台

当下的动画电影，营销手段五花八门，其中一个很重要的宣传途径就是电影海报。海报作为动画电影的一张重要名片，在影片上映之前及上映过程中，都会以不同版本、不同形态，在不同时段相应放出，各式各样、种类繁多。而且随着电影市场的发展，国产动画电影走出去的同时也有越来越多的外片引入，各国社会风俗不同，电影海报在设计上也需要满足不同国家和地区观众的口味。电影海报有很多讲究，海报会透露出关于电影的很多信息。海报可以从几个点来看，首先是文字，然后是构图，最后是整个画面呈现的色调，另外字体有时候是画龙点睛的部分。如果看到一个海报中的字体经过了精心的设计，就表明这部电影作品的推广充满诚意，比如《江湖儿女》这部影片，国外版的海报的设计也是把文字放在了最核心的位置，观众可能看不懂这几个字的含义，但是几个字所呈现出来的豪放状态，起码能够让观众感受到这种侠义江湖的感觉。关于构图结构，《找到你》这部影片的海报比较直接地表达出了主演的情绪，

两个主角在海报当中并列，两人表情都非常痛苦，这种构图方式就给人很大的冲击。电影海报的色调也能透露出很多信息，因为现在观众看影片都有自己内心的定位，张艺谋导演的电影《影》的海报的色彩定位就非常独特，在色彩上的搭配非常低调，用了深度的金色和黑色进行搭配，这都是吸引观众的有效颜色。因此，在观察一张电影海报的时候，除了能够知道关于电影本体的东西外，也可以知道片方是如何定位这部电影的。所有动画电影衍生品的制作，包括动画电影海报的制作，都会有一个非常明确的观众指向。《李茶的姑妈》这部影片，是一部比较合家欢的影片，海报制作更倾向于大众的审美，所以在色调上、造型上都会使用夸张鲜艳的色彩。有网友说在网络上只有看到这种大团圆式的海报，才有买票进电影院看这部电影的动力。设计这种大团圆风格的海报，并不意味着这部电影的最后会有一个大团圆的结局，其实只是说明了演员的阵容。在国内的市场环境下，所有片方都希望让更多的观众进入影院看自己的电影。这就使得最终的设计趋向于将所有主角都包含在画面当中，以展示自己的电影到底有多大的阵容，或者有多大的投入，观众也希望通过海报能看出以上信息，其实这也是市场并不成熟时的一种做法。像一些外国影片在国内上映的时候，也会找设计师根据国内观众喜好来进行设计海报。例如有一部纪录片《爱猫之城》，海报原来的风格是非常写实的，在夕阳下有一只猫。在国内片方根据受众的需要，在纪录片市场不是特别繁荣的情况下，把这个海报进行了一些升级，包括把猫的形象进行了动画化、拟人化。最终版的海报也是大团圆风格的，把电影里面所有的猫都展示在同一张海报上。这可能跟文化基因有关系，国人确实也比较喜欢这种团圆热闹的氛围。这一方面是观众的需求，另一方面也可能是由于制作上的要求导致的，包括明星的要求，场景的需求，以及要满足投资方的诉求。横向对比国外的最终海报，包括漫威系列，最终版的海报基本上都会有这种所有主创都在海报上的排列方式。海报已经离普通人的生活越来越近了，而且电影的营销方也越来越重视海报的设计了。现代电影行业的营销已经做得非常成熟了，海报的功能不仅是很简单地做人员的展示或者剧情的展示，海报的类型功能可以更加细化，从设计时就开始找观众定位，把不同的信息推荐到不同的观众当中，是一个海报应该承载的功能。国产电影的多类型发展，观众的不断细分，其实都在助推动画电影海报不断成长。同时，动画电影海报的细分、细化也能反向地帮助电影公司找到不同的观众，这是一个互相有益的促进。所以一定要把动画电影海报的细化发展得更加深入，更加贴近观众的需求。动画电影海报作为具有先导意义的电影宣传品，有着独特的文化内涵和超强的质感意义。动画电影创作者需要善用电影海报，通过海报类型和功能的多样化来进行有效的宣传营销，观众则需要掌握读懂海报的秘笈，以防错过心仪的影片。

现在，电影的片方也做了一些相应的改进或调整，近几年在电影营销领域里最热的营销方式有三个。

第一，明星进直播间。例如《悬崖之上》的营销方安排张艺谋导演走进了直播间，和六位达人对谈。借用这些达人的影响力和传播量，营销会触达更多非核心的圈层用户，而且这场直播从数据表现上来看也是非常亮眼的。

第二，短视频营销。例如《流浪地球2》的定档时间是在2023年的春节档，但是在2022年的春节档时，就已经放出了一个短视频物料，就是吴京跟刘德华合体拜年。电影营销动作的前置会成为一种趋势，目的在于给观众留下深刻的记忆。

第三，云首映。云首映有自己的天然优势，《神探大战》这部影片采用了云首映的概念，传播效果非常理想。许多电影也在积极地顺势而为，采用线上的方式来进行营销。

不管是剧集，还是电影，营销的方式都多种多样，营销就是为了把观众吸引到电影院里去看电影，当下片方在营销上面，一定要去学习和接受一些新的玩法，要去配合现实的情况。另外，营销还要面对很大的资金压力。在资金不足的情况下，要往轻体量方向走，在互动性上做一些文章。因为观众在看电影的时候都有很强的分享欲，片方可以放一个对电影来说具有特殊意义的影像资料，提示观众、鼓励观众来拍照并上传到社交平台上。从传播力度角度上，拍照并分享已经完成了一个线上与线下的互动性营销闭环。除了这种互动彩蛋外，在影片拍摄的镜头里也可以预埋一些能够用于营销的内容。除互动营销外，还可以利用科技帮营销飞得更远一点。例如未来在做一些活动的时候，可以利用全息投影的方式进行互动。但是电影营销永远只能够锦上添花，没有办法雪中送炭。所有电影的成功，都要依靠自己过硬的品质。希望能够看到更多优质的电影进入市场，见证中国动画和电影走出自己一片新的开阔未来。

二、举措并行：打造 IP，全产业链推广

人们经常会说这是一个国潮的时代，国潮 IP 需要能连接一切，打造 IP 价值，就像赋予其生命一样，只有让其有自己的内容、世界观、故事以及设计的逻辑，才能使其价值不断地水涨船高。所以对于很多年轻的设计师来说，重要的是要抓住两条。

第一，要做实内容，内核一定要明确，世界观、性格、人设、属性要很完善，设计和内容一定要过硬。

第二，要有多变的营销策略，这一般来讲很难靠一个艺术家来实现。对一个公司来说，应该考虑是要专注在一个品牌上，做到最深，最大化发挥其价值，还是要在做这个 IP 的同时不停地开发新的 IP，让产品库和 IP 库不断地扩充。

2022 年 1 月 12 日正式发布了我国中医药动漫形象灸童。灸童的原型是非常有名的针灸铜人。针灸铜人是从宋朝一直沿用至今的中医药道具，既是文物，也是广泛应用在中医药教学中的教具，非常有标识性和代表性。全世界的人看到针灸铜人都会联想到中医药。从卡通形象小小灸童身上我们也能看到很多中医药的元素，比如灸童身上有一些人体重要穴位的标记，另外他的衣着服饰也有古代医者的风范，身前的小葫芦其实是一种药材，同时代表着一种天人合一的中医药文化理念，而究竟"这个葫芦里卖的是什么药"也能够激发起大家无尽的联想。中医药动漫形象灸童发布的事件本身是有重要意义的，代表着中医药利用动漫的形式进行宣传，和动漫紧密结合了起来。这种亲民的结合让中医药文化更容易走到大家的心里，甚至走到国际上。相信在未来我们会看到更多灸童出演的小片子，可能这次讲药材，下次讲些中医的名家故事，在给大家带来科普的同时也带来一种童趣。从迪士尼等长寿的美国 IP 中，我们会发现 IP 的价值是超越真人的。我们在创作中，不光要创作 IP，也要创作一个有中华文化推动力的身份，要把厚重的文化变得年轻化和活泼化，所以有个词叫"让传统文化潮起来"。因此，要想把 IP 运作得好，一定是要靠商业的，要把传

统文化的创作特色融入IP的设计过程中，同时注重与万物相连接，更水到渠成地去开发。

影片《流浪地球》《哪吒之魔童降世》的衍生品众筹都是从摩点平台开始的。众筹这个概念在国际上有三种用法，一是金融类众筹，二是公益类众筹，三是产品类众筹，产品类众筹是项目发起方设定一个目标，让消费者付费支持这个项目，超过这个众筹目标产品就生产，如果达不到众筹目标，就把钱退回。《哪吒之魔童降世》这部动画电影的衍生品就是在摩点平台上开始众筹的，目标金额是10万，但是在短短的几天里就已经筹到了500多万元。

衍生品发展的现状中，还有一个问题是不能忽视的，就是盗版的问题。片方在电影没有获得票房成功时，重心肯定是在票房上，而衍生品的策划和规划，是另外一个生意，和电影制作不太一样。IP的再创作，是一个很讲究的事。《哪吒之魔童降世》在正版发售前，盗版就已经开始售卖了。关于电影衍生品盗版比正版上线快其实有其历史原因，电影一旦火了，盗版就可以直接制作和售卖。但是正版需要走授权和监修的流程，所以可能会上架得慢一点。另外，衍生品制作公司也会等到电影火了以后才去购买版权，这也影响了正版衍生品的制作周期。盗版做工非常粗糙，严重地影响了整个文化创意产业、影视产业的发展。创作者有收益才能持续投资，才能持续做出好的作品，如果盗版太猖獗就会影响正版的市场。那么，具体应该怎么做，才能让市场、产业变得更好一些呢？

首先，交易平台要公正透明，很多电商平台对于知识产权的保护不够，版权控制得好，衍生品的正版才有出路，这是从交易的角度上讲。其次，片方要多出大作，有大作就有受众，受众越大，衍生品销售量就越大。最后，随着消费品品牌之间的竞争，消费品品牌和IP做联名、做交叉，会做得越来越主动、越来越积极。现在跟盗版的竞争一个是渠道上的竞争，另一个是时间上的竞争，其实需要增加版权意识的不仅是这些盗版商，片方、消费者，包括消费品牌，还有制作团队，大家要一起努力才能战胜盗版。

国内电影产业发展时间不长，衍生品发展时间更短，所以市场上盗版比较多的情况会随着时间推移改善，随着整个产业里的片方、衍生品制作公司、设计团队，以及渠道和消费者的成熟，正版会越来越多。尽管国内衍生产业的正版之路道阻且长，但是电影产业链日趋完善，工业化逐步形成体系，相信国产动画电影衍生正版之路未来依旧可期。

三、机制保障：构建保障体系，提升传播效能

中国文化是源远流长的，《原神》和《李子柒》也是中国文化输出。外国的人民群众喜闻乐见的东西，就是文化输出。只要我们的文化输出了，只要被别人看到，就是有意义的。不是只有出土的文物才能叫文化输出，并不是只有唐诗宋词、孔子孟子才能叫文化输出。现代中国所创造的新文化，包括融合了西方的、日本的、韩国的文化技术重新被创作出来的东西，也是属于中国的文化输出。汉服会在最近几年突然爆火，究竟是文化自觉还是传播媒介的作用呢？"文化自觉"是著名社会学家费孝通先生在晚年反复提到的一个概念，❶ "文化自觉"并不是回归或者复究，也不是在主张全盘他化。汉服相较于其他舶来的服装，会额外有一种文化的自觉性，观众受汉服推动者的信息影响和自身对汉服认识程度的加深，对汉服的认知也从最开始的下单冲动，到开始自觉到汉服背后所代表的传统文化，这种自然的转变就叫"文化自觉"，产生文化自觉的人又会进一步走到街上去，引发其他人的文化自觉。即文化自觉是一个滚雪球的运动，这几十年来一直都有人在"自觉"，但是真正使文化自觉的雪球越滚越大的，却是背后的新媒介。

传播学家麦克卢汉在《理解媒介》中提出"媒介即讯息"的概念，❷即追问社会环境的形成，要重点关注到信息传播的媒介之上，2003 年以后，已经有大量传播汉服文化的内容出现了，内容的深度与新闻的数量曝光度还不错，也能够称其为小众亚文化。但光有内容传播，媒介环境不太好，一样只能不温不火。另外一位写《娱乐至死》的媒介学家尼尔·波斯曼在《媒介环境学的人文关怀》中曾说，人类环境的形成与人类媒介环境密不可分。❸当然，另外一

---

❶ 费孝通先生于 1997 年在北大社会学人类学研究所开办的第二届社会文化人类学高级研讨班上首次提出。

❷ 麦克卢汉. 理解媒介 [M]. 何道宽，译. 北京：商务印书馆，2000.

❸ 波斯曼. 媒介环境学的人文关怀 [M]. 北京：北京大学出版社，2007.

种极端的观点认为，人本质上就是因为柏拉图"洞穴"里面壁而坐的囚徒，永远生活在语言的媒介环境中，通过语言的媒介经验看待世界，没有人可以走出洞穴，也没有人可以不借助媒介而作为人存在。回到麦克卢汉的观点，他认为每种新技术都会造成人新一轮的感官麻木，而感官使用程度高、麻木度较低的是"冷媒介"，如电话、口头语言。❶因为其提供的信息往往比较匮乏，需要调动额外的感官去感受。而感官使用程度低、麻木度较高的是"热媒介"，如电影、广播电视等，其所提供的信息内容更为具体，不需要额外的感官去理解。而回顾过去出现的媒介工具，2006年优酷等视频网站上线，2009年B站和微博相继上线，这些虽然提供了大量的热媒介内容，但是传播端仍然主要在计算机上。而直到2014年4G元年带来了移动互联网的火爆，才真正意义上彻底改变了环境。随后微信、手机、微博及公众号自媒UGC平台的上线，使得图文内容相结合的低阶版热媒介迎来了指数型增长。直到2016年，随着抖音平台的上线，宣布着短视频时代的到来，低于两分钟的短视频内容平台，已经成为比微博和公众号等图文平台还要热的媒介，使受众的感官使用程度越来越低，轻轻松松刷几十个短视频都不会觉得累。

至于热媒介会造成感官的麻木，是因为麦克卢汉认为"媒介是人的延伸"，❷图文媒介只是视觉感官的延伸，而视频媒介则是视觉与听觉器官的延伸。随着屏幕越来越大，这种沉浸与麻木感也会越来越强，再加上短视频的短小和可播放的数量多，使个体可以在碎片分散的时间中进行大量空间上的延伸。所以，从某种意义上讲，短视频已经不再是人感官的延伸了，而是意识的延伸，已经近乎等于中枢神经的延伸，即短视频已经在充当意识的作用了，其内容可以随时相差十万八千里，一会儿笑，一会儿哭，一会儿体验海边，一会儿体验荒漠。所以，抖音会造成碎片化的思维，因为意识就是碎片化的、意识流的，即短视频媒介与意识的结构是相似的。因此，人们刷抖音的时候，自己与自己所处的空间毫无违和感，而且并不存在所谓上瘾的说法。因为"信息即媒介，媒介即

---

❶ 麦克卢汉. 理解媒介[M]. 何道宽, 译. 北京：商务印书馆, 2000.
❷ 麦克卢汉. 理解媒介[M]. 何道宽, 译. 北京：商务印书馆, 2000.

人的延伸",❶所以面对抖音时的浑然不觉,正是自己面对意识的浑然不觉。当然,生活中那些长期养成长文阅读、养成长视频观看习惯的人,并不会对抖音着迷,因为抖音媒介并不和他们的意识结构相符,因为习惯思考,习惯线性的、有长度的意识思维方式,甚至有些人会额外通过冥想、瑜伽、运动来训练自己的专注,这种人使用抖音也不会产生沉浸感。但这种人是很少见的,抖音的流行符合普遍人性,因为大多数人普遍倾向的都是娱乐化、潜意识欲望的表达,人的心猿意马总是会跳到一些情绪化的"食色性也"的信息中。就像尼尔·波斯曼在《娱乐至死》中说的那样,"人们用笑声代替了思考,却不知道为什么笑而不思考"。❷所以,波兹曼根据麦克卢汉的"媒介即讯息",又进一步提出"媒介即隐喻",即那些越发高阶的热媒介会形成暗示、隐喻的能力,会带来人们社会结构和文化特征的变化。所以 B 站逐渐抖音化是必然,长视频长文的时代也注定成为历史。但同样也要看到积极的一面,借助移动互联网、短图文、短视频等新热媒介平台的帮助,使得像汉服这样的亚文化在这四五年中逐渐成为主流,即新媒介所起的暗示与隐喻的作用,使得观众不再能过分觉察其与当下空间的违和感,并完成了算法导引下的购买,使得汉服内容曝光量、成交量、穿戴量激增的同时,观众也没有经过太多的思想斗争,使得新媒介在促进社会文化的变化上也有了新的可能性。

近期《黑神话:悟空》《卧龙:苍天陨落》《燕云十六声》等几个游戏的动向都受到了国内玩家的广泛关注和热议,它们都有一个特点,就是以中国文化为主题,近年来越来越多基于中国文化制作的游戏,玩家都给予了极高的关注度。1985 年,日本光荣发布了第一款三国题材策略游戏《三国志》,获得了最受欢迎奖,从此开启了在三国题材上的光荣征程。30 多年的时间里,光荣共推出了 33 个三国志系列作品,其中 2006 年推出的《三国志 11》,也是大多数国内玩家心目中的一代"神作"。游戏场景采用了泼墨山水画风格,让历史的厚重感跃然于屏幕,随着四季的交替,玩家能够身临其境地感受历史变迁的沧桑,《三国志》系列在人物形象塑造上十分用心,后来的写实三国题材

---

❶ 麦克卢汉.理解媒介 [M].何道宽,译.北京:商务印书馆,2000.

❷ 波斯曼.娱乐至死 [M].章艳,译.桂林:广西师范大学出版社,2004

作品很多都有借鉴其中的人物形象。整个《三国志》系列不仅有能让玩家扮演一方主公，在大地图上大展宏图的宏观策略玩法，还有武将单挑、谋士舌战等的微观玩法。并且玩家在游玩的过程中还会触发历史剧情，游戏将一个所能想象到的汉末三国活灵活现地呈现给了玩家。除了三国题材外，还能在另一类游戏里频繁地看到中国文化的身影，那就是格斗游戏。格斗游戏的黄金时代恰好也是香港电影的黄金时代，这使得格斗游戏中的一些武术形象设定会有不少香港功夫电影里的印记。《街头霸王4》使用了水墨作为整体的美术视觉包装元素，无论是对画面冲击力的强化，还是对武道禅意内涵的表达，都在游戏史上留下了惊鸿一笔。

简而言之，国外对于中国文化在动漫游戏中的呈现，主要还是三国和功夫两个核心的元素。三国、功夫、古风是动漫游戏中常见的中国文化元素，但随着互联网和动漫游戏技术的不断发展，这个时期的产品逐渐显示出了日薄西山的势头。三国类游戏表现不再如过去亮眼，格斗游戏日渐小众，"国产三剑"等老IP游戏基本上都在吃老本，时代变了，新的时代在召唤着一次革命性的迭代。首先让玩家兴奋起来的三国类新作，是由英国CA开发并于2019年发售的《全面战争：三国》。同样是三国题材的策略游戏，《全战三国》在延续全面战争系列核心玩法的基础上，带来了与《三国志》系列截然不同的美术风格，并提供了全中文配音。《全面战争：三国》的美术总监在一次公开的演讲中曾说到过在开发时产生了对中国文化的一些思考。工作室团队里大多数成员对三国题材并不是十分了解，但想要做到这部游戏在文化层面没有漏洞，并使整个游戏传递一种类似中国电影的观感，能够产生一种文化上的真实感，不只是视觉效果，就需要真正深入打磨每个细节。另一项挑战则是如何处理《三国志》和《三国演义》的关系，《三国志》是一部历史纪实的文学著作，作为开发全面战争的参考资料，提供了历史事件的细化信息，如重大战略规模、城市人口的数量等。而《三国演义》则提供了现成的大量历史人物的情感行为的描述。游戏发售后一周销量就达到了100万份，是系列中销售最快的一部，可见在文化上用心做功课收到的效果。要谈近几年游戏中的中国文化一定绕不开《原神》，无论是璃月地区的人文风貌的设计，还是璃月角色外形设计上的文化意向考究，抑或是角色故事上对于中国文化的提炼与呼应，其借助游戏的力量，已经在全世界的范围内实现了一次中国文化游戏化的实践，获得了巨大的反响。

《黑神话：悟空》将中国文化的游戏化范畴拓展到了神话领域。我国有那么多的神话故事，尤卡也曾表示过，希望黑神话会是一个系列。山东地域有非常多的神话志怪内容，能给游戏行业提供丰富的资源。想必国外翻来覆去的希腊神话、北欧神话也让玩家有些审美疲劳，是时候看点新东西了。《卧龙：苍天陨落》是由曾经推出过《忍者龙剑传》《仁王》等作品的光荣忍者组推出的新作，制作人曾表示这一作的推出是因为看到了玩家社区里有很多呼唤三国题材的声音。该作要给玩家提供一个无名小卒征战汉末乱世的全新三国世界，游戏中的玩家可以邂逅耳熟能详的三国名将，并对抗灵感来自山海经的各种怪物等。

近年来中国文化被频繁地应用到了动漫游戏中，需要从微观和宏观两个方面来理解。微观上是需求，从开发者的角度来看，游戏人要着手单机或者其他高质量游戏开发，从最熟悉的本土文化中去寻找题材和灵感是很自然的事情。而且华夏文化本就是一个取之不尽的灵感源泉，无论是早些年的"国产三剑"，还是近年来的黑神话、锦衣卫等，都能够让玩家在看到游戏的瞬间打通文化的共鸣感。还有类似于《暗影火炬城》等虽然在文化表达上套了一层外衣，却能够让玩家在游玩的时候体会到独特的地域感和时代感的游戏。而即便是国外的游戏人，在西方的神话、魔幻不断被反复使用过的现在，想做出让人眼前一亮、有差异化的游戏，也一定会注意到还未被广泛使用的中国文化。这也可以从国外观众对黑神话所展示的怪物设计有很高的热情获得佐证。从玩家的角度来看，有两重需求。一是玩过了那么多的3A游戏，但基本都是西方的故事或者是日本故事，也想玩拥有中国背景的中国配音的中国角色的游戏。二是希望中国的游戏或者是讲中国故事的游戏，能够在世界上占有一席之地，成为民族的骄傲。宏观上来说是势，这既是游戏行业发展的必然，也是经济发展的必然。中国成为全球游戏开发商不可忽视的重要市场，通过能够更加贴近中国市场的题材来打动中国玩家，是一个合乎逻辑的理性商业判断。玩家呼吁希望有中国题材的《全面战争》，所以有了《全面战争：三国》；玩家呼吁希望有中国题材的《仁王》，所以有了《卧龙》；玩家呼吁希望有中国题材的《刺客信条》，所以有了《刺客信条：王朝》。从日本和美国近代以来的经济发展中可以看到，日本的ACG产业、美国的电影文化产业对于该国经济的刺激作用，这些产业一方面创造了国民消费的主力产品，另一方面也通过将文化产品出口到其他国家，实现了更大的经济效应。并且也通过生产、获利、再生产的滚雪球方式，不断地提高文化产品的价值，夯实了文化产品的根基，更重要的是实现了现在人们很熟悉的一个词"文化输出"。

我国用几十年时间完成了西方国家几百年的工业化改造进程，取得的阶段性成果已经让我国成为世界上无法被忽视的庞大经济体，这是硬实力，也是这个时代的机会窗口，让我国的软实力发展需求进一步增强。文化作为软实力的重要组成部分，必然肩负着重要的使命，把中国文化通过更多的窗口传递出去是刚需。所以中国文化在动漫游戏中逐渐被广泛运用，也是经济发展的必然。中国文化的游戏化或动漫化，与文化输出是不同的，如果在动漫游戏制作过程中一味地考虑文化输出，而不是深耕文化内容，就很容易做出"套皮"游戏。比如，常见的在动漫游戏中加入一个非遗，但是动漫游戏里却没有相应配套的深度内容，让玩家可以体验一段相关的故事，没法去详细地了解和理解其文化内涵，那么必然是无法达到文化输出的结果的。而反观那些专注于打磨好的文化内容的游戏，在游戏的内容体验中，玩家可以真切地感受到文化的厚重及其难以言表的魅力，进而会对文化本身感兴趣，这样才能够被归结到第九艺术范畴里。

第三节　山东文化资源动漫传播的思考

一、传统文化流行化与现代化的翻新

中华五千年历史文化是个宝藏，因为科技的进步，各方面的条件都成熟了，《流浪地球》打开了国产科幻电影的市场，科幻动画近年来也有不少突破。我们想通过电影交流传承文化，让文明坦诚相见，推动整个亚洲、整个世界的文明进程，推动建设人类命运共同体，让世界看懂亚洲，听懂亚洲。2020年5月15日和26日，上海美术电影制片厂联合某乳制品品牌和某电商品牌，分别

推出了两部关于"经典形象来到现代"主题的宣传短片。不仅如此，上海美术电影制片厂还联合上海消防推出了宣传海报。5月27日《我为歌狂》中的虚拟动画形象楚天歌更是加入了直播带货的行列。上海美术电影制片厂是我国历史最悠久，拥有经典IP最多的国产动画单位，但是这些年并没有吃到这些经典形象的红利，所以上海美术电影制片厂确实需要有时间、机会去不断地做品牌唤醒，比如，不断地重播或开发新内容续集，或是做一些品牌的跨界、融合和授权等，只有这样，经典形象才能焕发新的生命力。从现实角度来说才能变现，才能实现良性循环。经典形象品牌唤醒有其选择标准，人的形象比动物的形象更好做授权，偏女性化的形象比男性化更好授权，故事文本更丰厚、更有延展性、更适合做品牌唤醒。电视动画《葫芦娃》更好授权，因为它是一个群像，角色比较多，延展开发性比较强，几个娃各有神通。曾有上海消防和水娃联动去讲一些消防知识，身份贴切，恰如其分。要抓住"国潮"这样一个特别好的时代契机，"Z时代"在看一些当年的消费现象和符号的时候，可能会从中发现几个比较适合自己审美点的东西，并把这些拿来作为一个标新立异的文化符号。我们也能从这些老的经典形象里提炼出这种精神元素，放在一个很常见的产品上面进行结合。这些动画形象在我们年幼的时候，实际上构架了我们的精神世界，如勇敢、责任、担当等。但要注意，在和商业结合，如进行带货或者一些相关行为时，需要慎重，可以对经典IP创新和换新，但是不能过度消费。

消费主义的确是人类历史上出现的一种极为特殊的社会现象，在波德里亚看来，如今在后现代消费社会的生活中，商品的使用价值已经不再是人们关注的重心，真正关心的是商品的符号价值。[1]而这里的消费的定义与之前有所不同，不是那些付钱的行为就是消费商品，也不是简单的标价的就是商品，而是一切外部信息、人际一切自以为是的意义都成了消费的对象。包括人与人之间的交流，人与物品之间的关系，都不再是之前的经济交换，而是一种符号交换。并且符号消费不只是简单的消费奢侈品、咖啡、文艺、生活类的符号消费，还包括例如观看李子柒的视频，虽然没花钱，但是获得了一种符号，体验了一种乡

---

[1] 波德里亚.消费社会[M].刘成富，全志钢，译.南京：南京大学出版社，2000.

野生活的价值思想。或者是观看了一部免费电影，获得了一种符号价值，收获到了感动，收获到了所谓"领悟"的符号价值，期待收获到等价的符号价值就是后现代的符号消费的心理。波德里亚认为，这样的我们很不真实，尤其是在后现代，各种异常丰富的符号，不再是拿来用的，可以是其他符号意义，比如说拿来炫耀。❶这种后现代的更多需求早已不是实在的需求，会更进一步把人带离真实。所以波德里亚提出了一种象征交换的方法，来试图超越这个后现代的虚幻，以象征交换的方式来终结习以为常的符号等价交换的互动方式。我们对待他人、对待物、对待信息都有一种期待符号价值等价交换的习气存在。接触信息、接触物、接触人时，会下意识地期待获得等价的反馈。动画《火影忍者》是个非常不错的文化符号学和传播学案例。20世纪前期，德国哲学家卡西尔提出了文化符号论，认为"人是符号的动物"，❷《火影忍者》这部动画在文化的重新编码上有个相当明显的特点，即对传统文化进行流行化、现代化的翻新，将特定文化背景才能理解的高门槛符号重新解构，转化为任何观众都能理解且高度服务于故事需要的低门槛符号。比如《火影忍者》中最基础的概念之一——忍者。忍者本是古代日本经由特殊机构训练出来的杀手和间谍，具有特定的文化含义，但《火影忍者》却用印度的查克拉概念为基底，结合中国文化阴阳五行、相生相克和人体经脉的概念，将原本多使用暗器和伏击执行秘密任务的忍者们改编为有着种种超自然能力的战士。"天照""月读"等日本神话符号也是如此。《火影忍者》中并未强调其背后的神话故事，而是将其变为作品构筑的忍术体系中的一种，再根据作品的情节需要赋予其新的意义。这种和故事本身高度融合的做法实现了文化的再编码，让观众可以根据故事来理解重构后的日本文化符号，想探究的人可以事后去深究那些神话，而只想看动画的观众也没有理解门槛，从而使文化传播变得更加顺畅。

国产电影走出去实际上是两条腿走路，艺术电影和商业电影都需要，张艺谋导演拍了《长城》《英雄》，但他原来是做文艺电影的。陈凯歌导演有《妖猫传》，也有其他的商业电影《无极》等。印度的影片《摔跤吧！爸爸》虽是

---

❶ 波德里亚.消费社会[M].刘成富，全志钢，译.南京：南京大学出版社，2000.
❷ 卡西尔.符号形式的哲学[M].赵海萍，译.长春：吉林出版集团股份有限公司，2018.

一个家庭伦理电影，可里面的摔跤动作非常专业，也是一个商业的文艺片，所以要打进主流电影还需要在商业电影上下功夫。在进行亚洲文明对话时，我们会惊奇地发现近几年特别受观众喜爱的亚洲电影，多少都能看到中国社会的影子。亚洲文化具有一定的相似性，这种电影和民族文化之间有所关联。《摔跤吧！爸爸》里面的家庭、父亲对子女的爱和要求，包括重男轻女，其实跟中国的以前很像。电影是最好的传播工具，因为能很直观地让全世界人看到同一个画面，有同一个感受，听同一种音乐，信息不会衰减。电影人要学会使用共同的电影语言，其实世界电影很需要中国电影的这种主流价值观，比如和而不同，构建人类命运共同体。唐季礼导演在创作《神话》时，其中有一场戏是成龙带病去抢灵药，他说家有老父母则出列，家中独子者出列，其他人跟我出发，那一刹正好展示了中国军人的气概和家国情怀的气派。《摔跤吧！爸爸》其实讲的也是家国情怀，这一点亚洲电影是共通的，《中国女排》中赢的那一刻有很多观众流泪了，那一刻也是一种爱国精神的传递。

传统艺术，要进入大众领域，就要在艺术传播上考虑新思路、新方法。从传播角度，要重新看待艺术生产和传播的关系。本雅明认为，在传统艺术时代，传统艺术生产是凸显的，艺术传播是内隐的，但是今天已经到了以传播资源生产的新时代。❶任何艺术生产都要考虑传播问题，而传播给谁决定了怎样生产，用什么样的方式生产。在优秀传统文化的传承和传播中，媒介人物因传播反向制约并改变生产方式，从元素提取、符号重组到数字化、场景化的视听呈现，在技术赋能之下的趋势结合，以及对接触群体分发的适配性生产，其目的都在于提升对用户的触达率及接受度。

在今天的大国竞争下，四个自信里一定有文化自信，这不是在讲空话。我们之所以作为中国人，是因为我们有着中国式审美，因为我们有共同的文化认知。文化自信的核心当然要到传统里面去找，但是在传统文化里面不能丢掉"优秀"，因为在传统文化里面，没有"优秀"，就找不回我们的文化身份。从改革开放以来，当经历了这样的一个过程以后，就会更明白这个道理。我们的仁

---

❶ 本雅明.机械复制时代的艺术作品[M].王才勇，译.北京：中国城市出版社，2002.

义礼智信当然是民族最重要的根基所在，一个民族思想深处的共识是从传统建立起来。所以今天国人的法律意识是现代文明的结果，但更重要的支撑是道德良心，是其被赋予了新的意义，这就是结合了全球的、现代文明的成果进行的重新阐释。中国传统文化是不断自我更新、不断流动的，我们需要深度地探讨传统文化里的价值元素。探索如何运用动漫影像的表现形式传播山东悠久的传统文化，本土创作者们在这期间做了大量的工作，创作出了大量的学生作品，也得到了很多人的认同和支持，同时也收获了很多荣誉和奖项。希望创作者们在作品中融入更多的山东元素，这需要我们在山东传统艺术中不断地挖掘和提炼，并进行创新，使得山东文化能够更好地传承和发扬。比如，将山东的泥塑、面塑等传统手工艺，做成传播传统文化的短视频，通过视频、影像这种形式去非常直观地展现制作过程，包括创作动机等。借着大家喜欢的形象、角色，把各种艺术形式融合在一起，也可以让大家了解到传统手工艺，真实生活当中或者在电影世界里难以表达的内容，可以通过作品实现。把一些传统手工艺搬上大银幕，更容易被大家接受，这也是对传统手工艺、传统文化的一个更好的、更新的传播方式。

二、多国文化的融合再编码

日本动画《火影忍者》的一个特点是对多国文化的融合和再编码，非常典型的就是对中国文化的化用。《火影忍者》中查克拉的属性分为水、火、土、风、雷、阴阳，相互之间还有相生相克的关系，明显来自道教的阴阳五行概念。忍术释放时的"结印"以"临、兵、斗、者、皆、阵、列、在、前"这九字真言为基础，实际上九字真言来自东晋葛洪的《抱朴子》，是道氏驱魔的咒语。日本这个版本是误抄后将错就错的产物，人物设计也一样，体术大师迈特凯和洛克李，紧身衣加双节棍设计显然来自中国功夫巨星李小龙，醉拳则可能来自成龙的经典形象，八门遁甲源于《易经》的奇门遁甲，日向家族的柔拳和白眼能力来自太极八卦和中医经脉的理论，日向宁次的八卦六十四掌和回天显然有着六十四卦和太极以柔克刚的影子。除此以外，四尾以孙悟空为原型，三代火影的通灵兽持有金箍棒，后期还出现了金角和银角大王、芭蕉扇、幌金绳、七星剑、红葫芦等法宝。这种多元文化融合的使用有着显而易见的好处，根据故事需要进行大幅度改编，是对文化符号的重新编码，其根本目的是降低理解门槛，获得文化认同，实现顺畅的跨文化传播。其缤纷多彩的外壳所包裹的是家族与血统的重要性，对集体和信念的忠诚，极端而不择手段地实现和平理想，在必要时毫不犹豫地壮美自我牺牲，以及终末之骨的宿命论和理念之争。

《火影忍者》文化创作的思路很值得学习。以火影忍者手游的动画宣传短片《宁次咏春》为例，实际上也可以认为是一次针对日向宁次这一日本虚拟人物的文化再编码。首先，动画的结合点选得不错，强调动作性的游戏本来就很适合中国武术的发挥。而日向宁次这一人物在原作中自身就结合了许多中国元素，只要适当去除其身上宿命论的特征，强调"守护"和"功夫"的传承，就能获得不错的改造效果，咏春确实也适合宁次的气质和攻守一体的作战方式。中国著名原画师黄成希将咏春等中国功夫融入了动画打斗画面，直接引爆了国内火影迷的热情。这种大胆地融入和短片中表现的动作场面有异曲同工之妙，也使得咏春与火影的结合有了一定的基础。其次，文化的再创作需要对目标文化有着清晰的认知，而这离不开认真的考据。从短片幕后的纪录片来看，制作方专门找到了咏春拳非遗传承人董崇华来进行整体指导，辅以专业的动捕演员，使得短片中宁次打咏春的一招一式都颇为还原。能明显看到咏春"攻守同期""朝面追形"等动作特点，问手、护手、二字钳羊马等架势比较标准。游戏中具体的角色技能设计也能看出是以出手追打和防守反击两种设计来体现咏春"攻守同期"的理念，还原了日字冲拳等招数，这种精细打磨的精神值得肯定。想要传播优秀的作品，精益求精的考据肯定少不了，这样才能有优秀文化再编码的基础。这类打斗动画中用到了很多中国化的、符号化的象征手法。《火影忍者》短片对文化符号的改编思路是值得思考的，这种及时反馈的带入让游戏在跨文化传播上更容易给玩家留下深刻的印象。想要让文化真正走出去，最应该注重的其实还是最底层的价值观。无论古风还是现代，无论科幻还是架空，都希望动漫游戏能更加积极地走出国门，装上世界人民喜闻乐见的外壳，包裹团结、发展、和平、以人为本等以中华文化视角，重新诠释的人类共同价值，核心由现代价值观驱动，才是文化"走出去"的更好姿势。

结语

书中国精神，绘时代新风；树文化自信，铸民族辉煌。近些年时常听到有关"文化"的讨论，我们永远不能失去作为国人、作为华夏儿女的文化符号，文化自信来自老百姓，有了文化自信才有了文化自觉，有了文化自觉才能建设社会主义文化强国。在2022冬奥会的开闭幕式上，总导演张艺谋也一再强调文化自信的重要性。冬奥会最重要的形象符号是雪花，雪花是北国精灵，燕山雪花大如席。冬奥除了这些元素之外，动画片《我们的冬奥》中跟冰墩墩、雪容融一起滑雪的还有孙悟空、哪吒，很多中国文化的元素及人们喜欢的形象，都被带到冬奥会的冰山上雪道中，跟着新时代一起飞扬，国产动画表现出了蓬勃的文化自信。从动画电影上，近年有《雄狮少年》《白蛇2：青蛇劫起》《俑之城》《新神榜：哪吒重生》燃动观众。中国有很多特别有魅力的文化元素，比如，《雄狮少年》中捕捉到了南派舞狮既灵动又有精神的感觉，而且采用的水墨造型也是中国文化特有的元素。《白蛇2：青蛇劫起》也是一样，小青蛇因为一念之执到了修罗城，在那里成了一个"飒"的少女，战天斗地，最后得偿所愿，她表现的是成长、自强不息，这点既和当代的文化吻合，也和世界的文化吻合，这样才能打动人心。

现在的动画、电影，不仅有传统文化的元素，有新时代科技的元素，而且把人性、人情融进去了。比如，影片《白蛇传·情》《柳浪闻莺》，让中华优秀的戏曲文化在大银幕上惊艳了一票观众，这就是所谓的创造性转化和创新性发展。《柳浪闻莺》，名字是西湖最好的景致之一，影片中南国的嘉丽，粤剧的女小生、女花旦，又和江南山水、月季文化联系在一起，把很多中国元素都融入其中。整个影片带着一种水墨画的感觉，很有诗意。中华传统文化博大精深，作为电影人，需要建立文化自信，需要发展和发扬传统艺术，借助现在的先进技术手段，为传统艺术换上一个崭新的面貌。这一代电影人身处中华民族伟大复兴的大时代，创作出传承中华优秀文化和体现时代精神的优秀作品，是当代电影人的责任。党的十九届五中全会明确指出，2035年要建成文化强国，"好风凭借力，送我上青云"❶。风已经在这，这个时代已有这样的召唤，有

---

❶ 出自曹雪芹的《临江仙》。

那么多的电影人能够进行这样的创作表现,将中国价值观、中国审美、中国情趣、中国精神、中国气派融进去,眼前是一个如此可信的、如此可亲的、如此可敬的中国,老百姓喜欢这样的创作,也有技术手段支持这些创作,就要凭借这股好风往前走。

第四章 文化担当：山东文化资源的动漫化传播

图 4-1 《山东海瓷集团》IP 形象及衍生品设计　作者：张超然

图 4-2 《唐朝物语》IP 形象设计　作者：李文森

125

图4-3 《唐妞》IP形象设计 作者：李文森

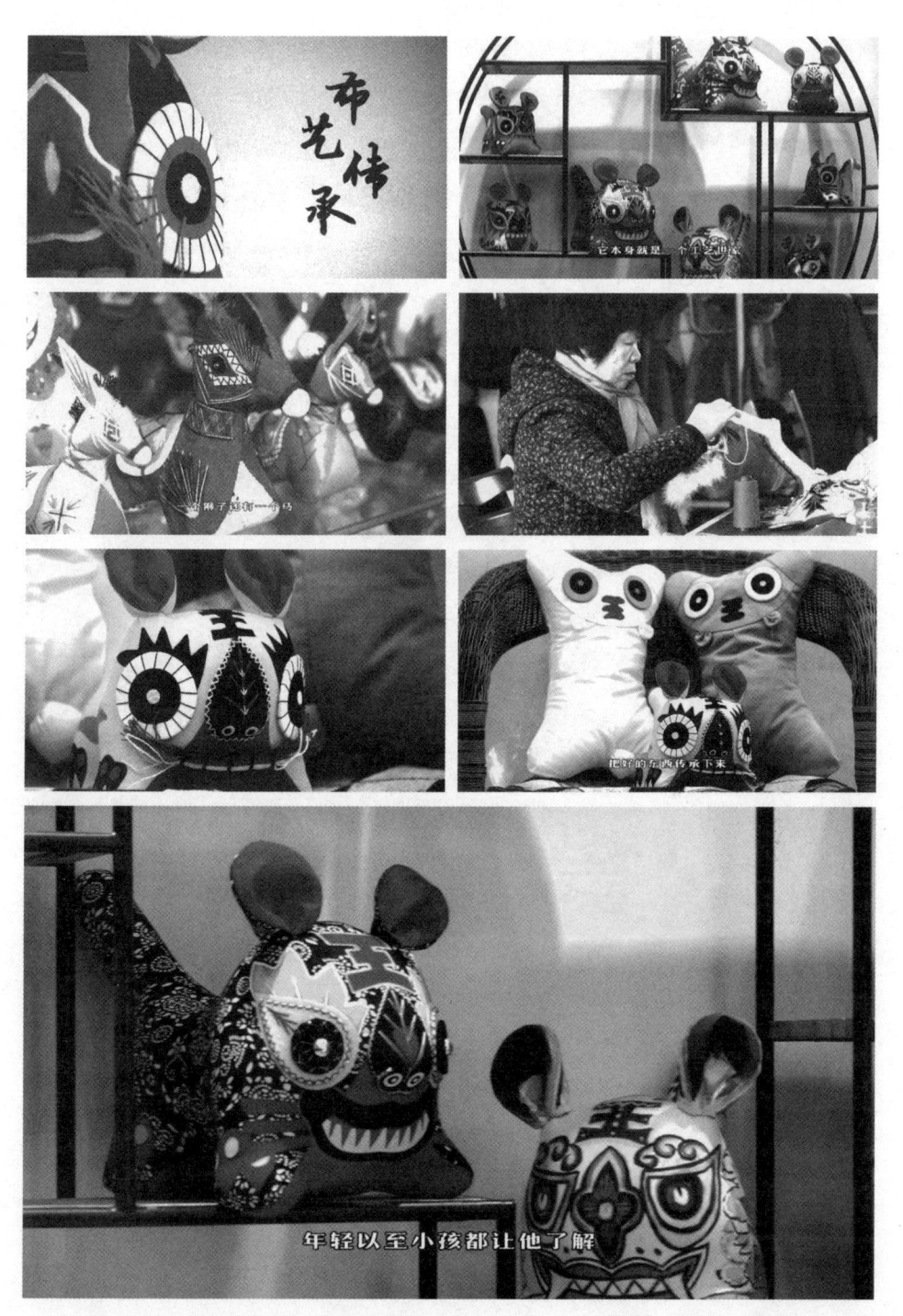

第四章 文化担当：山东文化资源的动漫化传播

图 4-4 《布艺传承》滨州布老虎宣传片　作者：苏靖靖　王耀　宗魏帅

图4-5 《宁阳紫砂》宣传片 作者：赵九宇

第四章　文化担当：山东文化资源的动漫化传播

图 4-6　《岱庙印象》　作者：李文森

129

图 4-7 《"东夷小镇"》日照旅游动画创作　作者：许潇月

图 4-8 《青岛糖球会》动画创作　作者：王鹏坤

第四章 文化担当：山东文化资源的动漫化传播

图4-9 《山东秧歌》动画创作　作者：纪豪哲

图4-10 《临淄蹴鞠》动画创作　作者：田健龙

131

图4-11 《孔子文化》动画创作　作者：徐灿

第四章　文化担当：山东文化资源的动漫化传播

图4-12　《山东海瓷集团》动画创作　作者：赵晓丽

133

山东文化资源的动漫化传播研究

图 4-13 《聊城之旅》动画创作 作者：邢冰倩

第五章
反思与启示：文化资源动漫化的个案式解读

第一节 《最可爱的人》：时代审美与爱国精神

爱国题材动画的创作应建立在思政教育的基础上，从选材、人设和制作等几个方面创作，用动画的方式架起爱国精神宣传的一座桥梁。

一、爱国主义题材与动画结合的优势

党史学习教育的三大重要意义，一是不忘初心，二是坚定信念与信仰，三是保持我党的生机与活力。如《红军故事》的三大故事就呼应了这三大重要意义，通过传递长征的精神，鼓励我们不断地克服困难，也让更多的青少年通过这部电影学习到这种积极向上的精神。把京剧形式和文化艺术结合起来，再加入红军精神，可以让年轻一辈更了解什么是红军精神，如何去传承和发扬红军精神。目前主旋律动画的拍摄对象从个体向群体进行演变，因为现在是一个大制作的年代，强调人物众多、情节曲折、悬念迭起，这也是取悦观众的一个法宝。由个人向群像的转变表明了现在有很多主旋律动画更加尊重历史真实。历史是人民创造的，拍摄对象由个人转变为群像，实际上就表明现在的很多主旋律动画跟以前相比更加尊重历史的真实性。除了革命战争题材，建设社会主义的各领域模范代表和中国共产党基层干部也成为主旋律动画的创作素材。主旋律动画在讲述中国故事、塑造中国形象上取得了巨大突破，全方位展现了中国改革开放和社会主义现代化建设的历史性成就。

爱国动画走进校园一方面体现了党中央及高等院校非常重视大学生的思想政治教育，因为对学生进行正确的三观教育，是高校义不容辞的责任。另一方面就是爱国动画能够走进校园，是因为这些影片不仅思想意识先进，还具有很高的艺术水准，所以引发了同学们的高度关注，并且得到普遍认同。此外，爱国动画走进校园，这种在高校先进行点映，然后在市场公映的宣发模式，能够为今后主旋律电影突破自身的营销困境提供一些新的思路。

主旋律动画对党史学习教育也有重要的意义和作用。首先，与传统的说教模式相比，通过组织观看主旋律动画开展党史学习教育显得更加生动丰富，也更加打动人心。其次，主旋律动画在传达意识形态观念的时候，是以一种润物细无声的方式进行传达的，在世界中讲中国故事，在中国故事中创造世界新景观是主旋律动画的一种叙事方式，这种方式实际上也有助于党史文化进行一种跨文化的传播。最后，主旋律动画能够在当今特定历史时期，把党史学习教育与社会主义核心价值观的教育有机融合起来，从而为中华民族伟大复兴的政治任务进行思想上的动员，能够让我们坚定地、牢固地树立起理想信念。

二、爱国题材动画创作的特征分析

（一）爱国题材动画电影

爱国题材动画主要是以革命文化为题材的动画作品，突出中国共产党如何带领中国人民谋幸福的故事。近年来出现了许多优秀的爱国题材动画电影，如《冲锋号》讲述长征过程中解放军爬雪山过草地的故事，其中一个战士在雪山上冻死，他最后还是保持着吹冲锋号的姿势，让我们感受到今天的幸福生活是这些先辈的鲜血浇灌出来的。2021年上映的《湘江1934•向死而生》，展现了一场战争中战士们英勇无畏的精神。在众多的爱国动画中有一部最不一样，不以人为主人公，而以一头大象为主角，这部影片就是《大象林旺之一炮成名》，影片由真实故事改编，讲述了林旺是如何从胆小爱闯祸的小象成长为骁勇善战的战象的故事。《士兵顺溜：兵王争锋》讲述了"90后"的军营生活和现代军事战争，体现出新一代解放军战士的精神风貌。

2020年上映了一部纪念抗美援朝70周年的爱国动画电影《最可爱的人》，这部影片讲了五位英雄人物及英雄群体在抗美援朝战争中的故事，由一个一个单独故事支撑起一个宏大叙事，用每一个侧面去展示一个历史事件中不同的点。

（二）爱国题材电视动画

在电视动画中也有以革命文化为题材的作品，《领风者》是在马克思200周年诞辰时推出的一部网络系列片，讲述马克思克服种种困难和恩格斯等一群志同道合的无产阶级先辈在一起写出了《资本论》的故事。这部影片推出后在网络上引起了非常热烈的反响，很多观众发现原来动画可以这样拍。

《那年那兔那些事儿》是标新立异的爱国题材动画，创意十足，影片中的角色都是具有符号性、隐喻性的动物，讲述了一群兔子如何在一穷二白、内忧外患的情况下，一步步通过自身的努力和拼搏最终成为五大豪强的故事。

《那年那兔那些事儿》的拟人化真正做到了形象鲜明与个性突出。兔子的呆萌腹黑，鹰酱的自我标榜，毛熊的憨实勇猛，约翰牛的冷酷粗暴，还有那只被落下的高卢鸡，在一旁抱怨着戏份太少。故事中大量且密集的笑点、泪点与燃点，更犹如精确制导的导弹，直击观众的内心，前一秒还笑着，下一秒不经意间就哭了，而另一个能把观众情绪抬升到一个新高度的就是影片的片尾曲。由于动画本身是对历史的解构与轻松化表达，因此在片尾曲中，制作组会将本集所对应的历史事件再次展现出来，在一张张泛黄的照片里，在一首首激昂的歌声中，仿佛能够直接将观众再次带回那个抗争的年代。第一季的《追梦赤子心》，第二季的《骄傲的少年》，第三季《飞—致我们的星辰大海》，第四季《留给明天的答卷》，都将这个时代对先辈的感激、对时代的回望、对未来的希冀和对征程的决心淋漓尽致地表达了出来。《那年那兔那些事儿》诞生在一个合适的时代，一个需要主旋律的时代，一个年轻人愿意踊跃表达的时代，它的出现，为当时千篇一律的国产动画增添了别样的颜色。

面向少儿的爱国动画也具有教育意义，如《翻开这一页》以真人加动画的方式再现伟人故事。还有一些动画单本剧，比如《我们的接力跑》讲述了中国铁路人如何继承铁路的精神，前赴后继地为中国的铁路事业奉献自己。《精忠报国》讲述了三个年轻人加入了中国海陆空军，一起执行大练兵，参加大阅兵。总之，今天的爱国动画不仅有教育性，还有创意、有趣的故事设计，而且涉及生活的方方面面如航天、强军、原子弹、铁路等，包罗万象，能让青少年更好地继承革命基因，传承革命文化。

三、爱国题材动画传播的创新路径

依托革命基地，许多学校开展了一系列爱国教育活动，用创新的传播方式让革命故事焕发新时代光彩，让学生寻访山东的革命文化，走访革命遗址遗迹，体验其独特魅力。比如孔繁森同志纪念馆、台儿庄大战纪念馆、中国甲午战争博物馆、莱芜战役纪念馆、沂蒙革命老区等，动画创作者可以通过动画用叙事的手法把革命地标串联起来，把百年革命故事的精华浓缩在动画中。

其实动画只是一种传播形式，价值取向取决于要表达什么。当新时代的发声方式能够承担起必要的责任、担当、价值引领，那么动画就能成为传播正能量、讲好中国故事的独特力量。也可以通过微信公众号、抖音、短视频等，推进革命文化网络教育，把动画和革命文化结合在一起，传承和发扬革命文化。动画作为一种青年人非常喜欢的传播形式，其与文化相结合、相碰撞，能产生非常微妙的效果。这一种教育形式，将文化内涵和创新的形式进行了有机结合，希望这样一种结合的产物能够传递出去，让更多的人来用创新的方式传承中华文化。

结语

动画人身上肩负着中华民族复兴的使命，应在做动画时融入更多社会正能量，加入具有爱心、能表达主旋律价值观的内容，关注社会中的实际，把核心精神提炼出来用在动画创作中，弘扬主旋律，传播正能量，利用好文化资源，发扬革命文化，做出具有中国特色的能走向市场、走向国际的作品。

第二节 《天书奇谭》：传统艺术的传承与坚守

《天书奇谭》❶无疑是一部很了不起的作品，"民族动画现代化的盗火者""中华优秀传统文化的集大成者""中国最好的动画之一"，这些都是该影片获得的赞誉。《天书奇谭》在民族文化元素的运用上，毫无疑问是业界的佼佼者。

一、戏曲

戏曲是《天书奇谭》运用最广、最深的文化元素，可以说整部动画从头到尾、从内到外都有戏曲的身影。

在角色设定上，借鉴了京剧中的脸谱化形象，运用写实和象征的艺术手法

---

❶ 上海美术电影制片厂1983年出品的中国大型动画片，根据《三遂平妖传》部分章节改编，导演是王树忱和钱运达。

来表现人物的精神面貌。在京剧中，角色按性别、身份、年龄、职业、性格的不同分为生、旦、净、丑，《天书奇谭》里，袁公借鉴了戏曲中净角里"武净"❶关羽的脸谱，络腮胡、丹凤眼，两道眉毛直插鬓角，额头上一个倒过来的月牙则是参考了"文净"包公的脸谱，象征袁公既有关羽的武力，又有包公的刚正不阿。袁公的红脸和白衣也分别象征了"忠义"和"清白"，蛋生的额头上也有一个月牙，说明蛋生和袁公有着一样的品格。三个狐狸中的美女狐狸借鉴了戏曲中旦角里的"闺门旦"，两团胭脂红，一张樱桃小嘴，一双细长的媚眼，八字眉则借鉴了中国仕女画中的造型，组合起来就有了美女狐狸娇媚又古典的形象。动画里的丑角脸谱就比较多了，丑角是戏曲中插科打诨、比较滑稽的角色，在妆容上最明显的是鼻子上有一个白色块，动画里县令❷和店小二都是丑角脸谱形象，其中最经典的就是县令的形象，尖嘴猴腮、乌纱帽的两翅夸张成铜钱，把县令贪财卑劣的形象刻画得入木三分。而府尹和地保的形象则是对丑角脸谱进行了反向处理，即把原本白色的区域变为红色，原本红色的区域变为白色，突出角色的肥胖臃肿和酒囊饭袋的形象。

在动作设计上，也能看到很多戏曲的影子，尤其在美女狐狸和县令的仪态动作上，如县令的甩袖、美女狐狸和府尹成亲时的娇媚仪态，都是戏曲中的经典动作。

在配乐上，《天书奇谭》也充分借鉴了戏曲中的表演艺术，灵活运用了各种民族乐器。戏曲的乐队一般分为"文场"和"武场"，动画里充分借鉴了戏曲这种声乐和表演相结合的表演艺术，声乐与情节、角色动作相辅相成。蛋生走路前往云梦山这段，用民族乐器竹笛伴奏，体现出蛋生的步伐活泼又轻快。蛋生初学法术飞翔这段，用民族乐器琵琶柔美的旋律体现蛋生飞翔的自由和愉悦。蛋生用聚宝盆收回县令搜刮百姓的东西这段，用民族乐器唢呐营造了一种热闹欢快的氛围，体现了百姓失而复得的喜悦。值得注意的是，《天书奇谭》

---

❶ 武净，如《白水滩》里的青面虎、《竹林计》里的余洪、《挑华车》里的黑风利。

❷ 县令是典型的戏曲舞台造型：鼠脸一张，鼻翼上方大片涂白，粉色小尖鼻，一对小黑眼珠，腮上几根细须，乌纱帽上两根金钱翅不停地呼扇，一看便知是个鱼肉百姓、贪得无厌的超瘦版"硕鼠"。

的声效设计是非常具有超前性和颠覆性的，大胆运用古典管弦乐团、民族器乐与现代电子乐器相结合的亦古亦今的配乐手法，特别是在狐妖的配乐中有很多电音元素，如三只狐狸偷吃仙丹化成人形和偷到天书后狂舞的场景中的音乐。

二、国画

《天书奇谭》对国画的借鉴主要体现在场景的绘制上，动画里的山、石、云、树、花、鸟等的画法，都有国画的味道。国画按表现方法可细分为水墨、重彩、浅绛、工笔、写意、白描等。动画里是用淡雅水墨绘制自然景观，用工笔重彩绘制人文景观，山郊野外的云梦山、寺庙、树林的绘制采用水墨渲染，可以明显看到"水晕墨章"的效果。楼阁、宫殿、园林则是工笔细描，工整细腻，体现繁华和精致。在蛋生为百姓施法除蝗灾、降大雨，令大地焕发生机这里，营造了国画中山水画、花鸟画的意境，颇有"画中有诗"的味道。

三、年画

年画是中国民间的传统艺术，最经典的就是门神和年画娃娃，一看见就让人觉得喜庆、接地气。《天书奇谭》里蛋生和小皇帝的形象都有着年画娃娃的特点，圆圆的脸蛋，脸上两个红晕，头上一撮头发或者扎小揪揪，蛋生是个正面的角色，脸上红晕是偏正红的，肤色温暖。他的形象自然包含了年画娃娃的美好寓意，比如风调雨顺、幸福美满，这也与蛋生利用天书造福百姓的行为相契合。他的动作也非常可爱，调皮灵动，"蛋生吃饼"这一段应该是很多小伙伴对《天书奇谭》的一个鲜明的记忆点。而小皇帝的形象则是通过把脸上的圆晕画大，颜色变为紫红色，肤色煞白，从而营造出跟蛋生完全不一样的形象，再加上小皇帝没有双脚，宽大的龙袍下四肢瘦小，像纸扎的小人，这样就塑造出了一个生动的毫无才能、任性妄为的傀儡皇帝形象。

除了以上提到的戏曲、国画、年画这些中国特有的文化元素外，影片中还有壁画、庙会、舞龙舞狮、踩高跷、腰鼓等元素。

四、典故

《天书奇谭》中还有一项不得不提的中国特有的文化元素，那就是化用典故。典故一般在文学作品中比较常见，但是在这部动画里典故居然用得十分妙，十分有隐喻和内涵。比如，县令的爸爸掉进聚宝盆后，变出来一堆人，争抢着做县令的爸爸。古代廉政为民的地方官员会被百姓尊称为"父母官"，最早可追溯到汉代，"前有召夫，后有杜母"，但是县令贪财无度，根本不配做"父母官"，只配做"龟儿子"。老狐狸为县令爸爸治病，需要用到龙蛋和虎尿，她嘴里念叨着"云从龙，风从虎"❶来召唤老虎，老虎被召唤来了，却从头到脚滋了县令一身尿就跑了，可见老虎都厌恶县令。小皇帝喜欢鸟，老狐狸就变了个百鸟朝凤❷，小皇帝被众鸟环绕，一高兴就给老狐狸和独脚狐狸封了法师，还垂涎美女狐狸的美色，众鸟却突然群起攻击小皇帝，这是讽刺小皇帝是个贪图享乐、昏庸无能的皇帝，天下没人愿意追随他。小皇帝让老狐狸变个好玩的，老狐狸没有变小皇帝喜欢的鸟，而是给小皇帝变了个老虎咬人的戏法，站在小皇帝面前变出来的老虎又大又多，还咬人吃人，这是当着皇帝的面骂他"苛政猛于虎"。

《天书奇谭》确实是一部非常有意思的动画，其在运用文化元素上的灵活和多变，使人看到了优秀传统文化传承发展、兼容并蓄的可能性。当然，融入传统文化元素，一定是建立在讲好故事本身的基础上，否则就会沦为门面功夫，只得其形不得其神。希望能有越来越多的动画作品加入传承发扬中国文化的创作中，摸索出让作品"打上中国印"的创作模式。

五、传统美学意境

中华文化五千年的历史文化积淀，就像一座取之不尽的宝山，吸引着无数创作者来发掘素材，《天书奇谭》也不例外，故事改编自明朝的神魔小说《三遂平妖传》。鲁迅先生曾言，这是"神魔小说的鼻祖"，正是因为有了这本书

---

❶ "云从龙，风从虎"出自《易经·乾卦》，比喻有相同特质的事物相互吸引，相互感应。
❷ 百鸟朝凤，成语出自《太平御览》，旧时喻指君主圣明而天下依附，后也比喻德高望重者众望所归。

做开路先锋，后来才陆陆续续有了大名鼎鼎的《镜花缘》《封神演义》及《西游记》。因为书里有三个名字带"遂"的正面人物来捉妖，最后成功了，所以就叫《三遂平妖传》。上海美术电影制片厂的前辈们对细节的把控让人叹服，《天书奇谭》中善良的乡亲、蛮横的衙役、贪财的县官都能在小说文字中找到原型。在电影《天书奇谭》里，也能隐约看出很多其他艺术形态的痕迹，比如，反派角色近似戏剧扮相的妆容，用国画山水作为背景的设计，以及"聚宝盆""盗仙宝"等民间故事中常见的情节素材。长久以来，这些艺术瑰宝散落在中华艺术的各个角落之中，直到上海美术电影制片厂的前辈老师们通过精妙的构思将它们有机地结合在了一起，产生出了优美风趣的效果。

除此之外，《天书奇谭》的设计和夸张的动作也体现了民族特色，脸谱的运用也合理暗示了角色的性格和心理变化。民间的玩具、年画、连环画书，甚至木偶等艺术元素也都先后出现在角色的设计中，前辈们的用心程度可见一斑。

第三节 《姜子牙》：传统神话人物与英雄叙事

公元前1046年，周武王推翻商朝，建立周朝，公元前1045年封太公姜尚于齐地，建立周代齐国，定都营丘，营丘就是今天的临淄。姜子牙是齐国的缔造者，也是齐文化的创始人，是周代齐国的第一代国君，是我国著名的军事家、谋略家。在临淄还有太公湖，也是为了纪念齐国的第一代国君姜太公而建。临淄有很多以齐国名人、名胜古迹命名的街道、公园、单位等，到处体现着齐文化的渊远流长，山东淄博已然化身为一座可以聆听时光讲述旧事的悠然古城。2020年国庆期间上映的动画电影《姜子牙》，讲述了一个《封神演义》中的角色——姜子牙的故事，姜子牙在武王伐纣之后，击败了苏妲己，但是他继续逆天而行，去寻找救世真理。

一、传统神话内核的全新阐释

动画电影《姜子牙》的差异化还是比较突出的，本身就偏成人向，但同时又可以吸引到那些低幼观众，所以观众群体广泛，是作为动画类型的市场首选。

从题材上，影片是传统神话新诠释，同类型的《哪吒之魔童降世》已经是市场的一匹"黑马"，有了很好的铺垫，《姜子牙》的期待度也是非常高的。姜子牙确实是历史上真实存在过的人物，是辅佐周文王和周武王伐纣的第一功臣。都说文圣是孔子，武圣是关羽，关羽的武圣形象其实是在明朝以后补位上来的，补的就是姜子牙的位，《诗经》里面写姜子牙是"时维鹰扬"，就是说他在战场上非常英勇，有像雄鹰展翅一样的气势。过去关羽在太公庙里是个小配神，各方面并比不上姜子牙，但是关羽的忠诚，是明朝特别看重的，于是政府逐渐把太公庙换成了关公庙。在《封神演义》之前的话本《武王伐纣平话》里面，姜子牙就逐渐地越来越像诸葛亮了，变成了一个文臣。在《封神演义》里面，姜子牙的出场就很像刘备"三顾茅庐"的情节，而且形象更人性化了，有所谓的"七死三灾"，生活也不顺，80岁遇见文王以前，就是个普通人，还养不活自己，被老婆嫌弃。虽然仍然是先帝之师，可是跟最早所有人都崇拜的战神完全不一样，这个形象的塑造是具有开放性的，从古至今姜子牙的形象一直在变化。

在动画电影《姜子牙》中，观众普遍能够接受姜子牙从白胡子老头到中年帅大叔的形象转变，但是同为国漫神仙天团的另外一位成员哪吒，在《哪吒之魔童降世》中的形象改造，刚开始的时候就不是那么讨喜。"90后"的观众，是看着《哪吒传奇》长大的，"00后"和"10后"的家长是看着《哪吒闹海》长大的，观众们对哪吒的基本认知是一脸正气、眼睛很大，在《哪吒之魔童降世》电影里面，哪吒调皮，形象的改变是颠覆性的，所以引起争议可想而知。动画电影《姜子牙》则不一样，人们对姜子牙的印象是姜太公钓鱼愿者上钩的一个符号形象，没有像哪吒那样非常具体的形象。这个版本的姜子牙确实是变年轻了。姜子牙的形象塑造和当下时代的接近不仅仅是在于他的外形上，还有他在职场里边的境遇，他变成了一个天庭的工作人员。电影开场的时候姜子牙还是一个完美的神的形象，但他在完成天庭封神之战最重要的项目过程当中犯了一个小错误，最后被贬凡间，成为一个郁郁寡欢的人。所以整个电影的过程中，姜子牙既要担心生计，又有很多的负面情绪、顾虑，跟我们一样面临着迷茫。电影把过去观众心中的那个符号、那个纸片人变得立体了、变得丰满了、变得有血有肉了。所以从这个意义上来说，大家的争议小也是可以理解的。

其实动画电影对于《姜子牙》的改编很大，《姜子牙》已经成了很多年轻的观众接触"封神"系列传统文化的一个通路。在这种情况下，既给了创作者空间，但同时也有限制和枷锁。如果原封不动地再次通过动漫的形式去表演传统神话，是没有太大新意的。《姜子牙》和《哪吒之魔童降世》不太一样的地方是没有那么明显的青少年向，《哪吒之魔童降世》有那么多孩子喜欢，是因为影片内容跟他们在学校受教育时的很多经历有非常强的共鸣和呼应，但是《姜子牙》更看重的是怎么样能够让成年人认可并喜爱，并基于此考虑用什么样的方式切入，寻找到对话的可能。

二、"封神宇宙"的现代转型

动画电影《哪吒之魔童降世》和《姜子牙》，这两个看似都是《封神演义》演绎出来的电影，能不能构成一个类似于漫威宇宙一样的"封神宇宙"？因为光线影业这些年也一直想要打造"封神宇宙"，这个宇宙打造起来也是十分困难的。漫威宇宙是由漫威知名漫画工作室的一些角色所改编的影视作品共同组成的架空的宇宙世界，人们耳熟能详的如《钢铁侠》《蜘蛛侠》，还有《美国队长》都在这个范畴之内。

若要打造由不同故事共同组成的宇宙，必须要有三个一致性。

第一，世界观要一致。时代背景、科技水平、文化水平、价值观等基本是一致的。像《封神榜》《封神演义》《姜子牙》的故事可能发生在商末周初，但是《哪吒之魔童降世》或者《西游记》，可能就发生在不同的朝代，世界观一致性可能就很难有所保证。

第二，人物要有一致性。无论是在《复仇者联盟》还是《钢铁侠》里，钢铁侠这个角色最好是由一个人出演，最起码性格、外形都要一致。而在《姜子牙》中申公豹的角色和之前《哪吒之魔童降世》里面申公豹的角色就千差万别。《哪吒之魔童降世》里申公豹是一个负面角色，是一个阴暗的坏人。但是在《姜子牙》里，申公豹竟然变成了非常勇敢的勇士，是一个好人，两个从外形到性格都完全不一样的角色，没有形成一致性，所以这个宇宙可能建立不起来。

第三，版权归属的一致性。当想调用角色作品里的形象时，能够完全无碍地调遣。《封神演义》是中国古典名著，是神话故事，现在是没有版权的，所以意味着谁都可以创作自己心中的封神演义，自己心中姜子牙的故事。所以市面上已经看到了很多的哪吒、大圣，甚至可能会产生很多的姜子牙，对于消费者来说，可能就分不清哪一个是光线影业的哪吒、姜子牙和大圣了。而漫威世界，由于漫威所有的世界观、所有的形象，版权都在漫威公司，所以别人是不能够改编的。但是在中国，每一个人、每一个公司都可以用《封神演义》里的角色创作，这对于创造一个统一的"封神宇宙"是非常不利的。所以，虽然《姜子牙》这部影片成功了，但是它的成功可能恰恰意味着"封神宇宙"构建的失败，因为它已经打破了世界观、人物等的一致性，也没法保证版权归属的一致性。因此可能将来我们能看到一部又一部单独以《封神演义》为背景的作品，但是它们却很难形成同一个宇宙。

三、《姜子牙》与"救世"哲学

动画电影《姜子牙》中有一个主题就是"救世"。主人公姜子牙在天界执行对九尾妖狐的斩首任务时发现了问题，于是要开始"救世"之旅。通过这部影片，我们可以分析一下"救世"这个母题应该如何来表现。

"救世"这类主题的动画或者影视作品有很多，归结起来有两个最主要的话题必须要涉及，也是最有深度的。

第一，"救世"的代价。如果没有牺牲，"救世"就毫无价值，也没有任何感情的深度。这是惯例上的代价，比如，英雄自己的牺牲，一些科幻大片里战斗对抗外星人，最后主人公牺牲了。这个时候是以英雄一己之力来救活苍生、救活地球人，这是一种"救世"。当然这是代价最轻的，是自己完全可以掌控的，也是大家都可以接受的。如果不是自己牺牲，这个代价就产生了两难，就是让主人公陷入两难境地。在《姜子牙》中，姜子牙面临的是救一人还是救苍生，这是程度更高一点的代价。也就是如果要救苍生万事，就要牺牲掉苏妲己。这个时候西方的观点是任何一个个体都是和其他人平等的，既要救苍生，也要救这个人。当然往往最后是忠孝不能两全的、鱼和熊掌不可兼得的局面，这个时候主人公就面临两难。总的来看，《姜子牙》在这个主题上的处理还是不错的，带给了观众一些思考。

第二，"救世"的另外一个重要的关键点就是这个事值不值得被救，为什么值得英雄去花费如此大的代价精力去救。如果这个世界是一个尔虞我诈的世界，是一个没有善的世界，英雄就没有必要救，也不值得被拯救。所以影片往往要写清楚，在如此混沌的世界中，究竟有什么样的善，有什么样的好东西，最终支撑着英雄去花费大的代价来救它。但是在这个方面，《姜子牙》表现得就不是特别好。影片描述的这个世界非常冷漠，而且整个"救世"的过程之中，人民是缺位的，也就是观众只会看到人民对姜子牙的这种不满唾弃，对当初他放了九尾妖狐为祸世间的误解，但是没有看到最终姜子牙通过自己努力去"救世"的时候人民对他的支持，人民只是姜子牙的旁观者，没有成为"救世"的助力者。也就是《姜子牙》没有从这个世界和人民的身上寻找到力量。不像《阿凡提》，跟地主对抗，最后获得一群人民的拥护。而且从一个个体上也可以得到印证，例如，苏妲己小的时候被送到皇宫里去当嫔妃，在她临行的时候，她的父亲把她带走的唯一纪念品夺走了，扔到了路边，一个父亲对自己的女儿都这样的现实、这样的冷酷，这个世界值得被救吗？这个影片在这方面没有给大家做出一个合理的解释。

因此，在看这类"救世"主题的动画影片的时候，一方面要欣赏主人公这些花哨的大招，无论是用自己的魔法、武功，还是开着飞机、坦克及宇宙飞船。但这不是主要的。最主要的还是要看主人公付出了什么，遇到了什么样的两难，是如何抉择的，以及这个世界究竟有什么样的善和什么样的好，值得被拯救，来支撑英雄的"救世"行为。

四、《姜子牙》的改编策略

《姜子牙》是光线传媒推出的一部动画电影，是"封神宇宙"系列中的一部。但是在光线投资作品之前，《姜子牙》已经开始酝酿，而且最开始的样子和今天呈现出来的样态完全是不一样的，当时这个片子叫作《我的师傅姜子牙》，在 2015 年左右就推出了海报，甚至还有一个五分钟的宣传片，由中国传媒大学的团队打造，当时也震惊了中国的动画业界，大家都非常期待。

从《我的师傅姜子牙》到《姜子牙》的改变，有以下几个地方。

第一，从制作技术和整个观感上，《我的师傅姜子牙》是纯二维制作的，《姜子牙》是三维制作的大片。

第二，从色彩上，《我的师傅姜子牙》是非常鲜亮的，有绿树成荫、湖泊等，在《姜子牙》里，观众看到的往往是一种灰暗的、夜晚的一些场景。外在观感的不同其实决定了受众对象的不同。原来《我的师傅姜子牙》是以全年龄受众，甚至亲子受众为主的设计，而《姜子牙》变成了面向成人受众。在原来《我的师傅姜子牙》中，突出的故事结构是师徒情，从这个名字就可以看出来，有两个小孩跟姜子牙去学艺，当然姜子牙也是一个仙风道骨的老人家形象。但是到了《姜子牙》中故事就变成了一个"救世"的故事，虽然有亲情、友情、宠物情，但是总的来说是一个英雄独立地去"救世"的故事。而姜子牙本身也不再是一个老人的形象，变成了一个中年大叔。

第三，《我的师傅姜子牙》是由山东省淄博市高青县做的投资。因为当时高青县发现了姜子牙墓的遗址，进而投资做动画片来宣传旅游资源，所以这是一个文旅融合的项目。可想而知，当把发现的遗址中的风土人情融入动画片中时，一定会在上映以后得到非常好的社会反响。而电影《姜子牙》已经改变了投资方，原先的这些植入性的场景和旅游元素的借用，已经消失了。所以这也是一个遗憾，如果片子能够拉动某一个地方的旅游，能够在某一个和片子相关的场景处取景，就会造成"圣地巡礼""圣地巡游"的现象，将来也会产生文旅融合的效果。

所以《我的师傅姜子牙》到《姜子牙》的转变，背后是专业影视公司的商业化运作，影视公司希望这个作品能够更大片，更有商业化的感觉。但也许展现出原来的样貌，讲述一个师徒情的故事，更符合中传创作团队的初心。

改编不是乱编，影视工作者在改编中有几条线是需要注意的。

第一，不能突破历史和情感的底线，重要的历史事件，结局不能乱改。

第二，改编要建立在共识上，就是有一些人物不管是官方认定的也好，还是民间约定俗成的也好，进行颠覆性的改造时，观众是很难以接受的。

第三，不管情节怎么发挥，情节所处的环境中常识性的东西是该做好的。如申公豹，是姓申名豹，公是敬称，可是在有些电视剧里面，大家却叫他公豹。这些常识性的问题跟改编、情节没有关系，这是对历史的基本尊重。鲁迅曾说："《封神演义》实不过假商、周之争，自写幻想。"❶他给我们提供了传统文化故事改编成国漫的一个思路，不是用国漫的方式来介绍传统的文化和故事，而是要把传统的文化故事用现代人特别容易接受的国漫形式展示出来，使传统文化进入现代人的生活、审美情感、思考中。

第四节 《雄狮少年》：现实题材动画的共情力

动画电影《雄狮少年》是一部无卡司、无"IP"、无流量的"三无动画电影"，人物性格特别符合现实生活特征、生活气质，使观众产生了共鸣。这个故事里，舞狮并不是主题，主题是在舞狮背后小人物的跌宕起伏。《雄狮少年》当中，有两个人物三次放弃了自己的梦想，这是大部分的普通商业电影不敢表现的地方，但是观众又会发现梦想是个小种子，给点阳光、雨露，还是会发芽的，这就是真实的生活、真实的选择，所以这部电影的定位是全年龄向的。小朋友可以看到一个精彩的故事、生动的动画形象、非常好看的舞狮场景。但是对于有过一定生活阅历的人来说，他们其实会被那个故事的内核打动。这部影片有一定的文化导向作用，是一部品质上、价值主题上很有追求的作品，能够成为爆款，其实是预示着整个价值体系的回归。

《雄狮少年》以舞狮文化为题材，"舞狮"南方叫作"醒狮"，所以这个片子既有浓厚的传统文化韵味，又有比较厚重的情感含量。这部动画电影有几个突出特点。

第一，题材。影片是舞狮文化题材。很多网友说舞狮是中国自己的极限运动，但是关于舞狮的影视作品很少，最有名的就是《黄飞鸿》系列。这个系列里把武打跟舞狮相结合，把文化传递给了千家万户，但舞狮在动画里就更少见

---

❶ 引自鲁迅《中国小说史略》。

了。这部电影应该是目前首部以舞狮文化为题材的动画电影,影片很好地展现了舞狮的场景,一开片就有一个武打加舞狮的结合,结尾也展现了舞狮中的彩妆、爬梯子,还有长凳这样的关卡等,使观众大饱眼福,也对文化产生了憧憬。影片以舞狮文化为题材,其重要意义就在于把眼界大大地拓宽了,不再只是瞄准像《西游记之大圣归来》《哪吒之魔童降世》这样的神话世界,而是回归现实,回归生活。告诉我们在现实生活中的传统文化也能带来很好的创作源泉。

第二,精神。影片通过舞狮传递出一种很值得提倡的精神,就是挑战自我、勇攀高峰的精神。主人公最后的挑战,已经不是去战胜某一个对手,而是要去攀登那一个被人们认为不可逾越的最高柱子,是不断挑战自我的极限,是个人勇气力量的彰显。其实每一个中国人,都要有一种醒狮的精神,中国也要有这种醒狮的精神。

第三,传承。影片表现出了传统文化的这种传承之感,优秀传统文化是薪火相传的一代传一代,不是突然就有的,一个人不是生来就会舞狮,而是由师傅教出来的。师傅要把自己对舞狮的理解、对舞狮文化的理解传递给徒弟。影片的最后,学生带着狮头向老师行大礼的场景,其实是很让人感动的,而且老师看上去是一个玩世不恭的人,但心中也有舞狮的梦想,这也体现出一种传承。虽然影片还是有着一些创作上的问题,但是在今天中国动画电影里还是一部独树一帜的作品。

《雄狮少年》在制作方面是非常优秀的,通过《雄狮少年》能够看到动画人的良心。近几年的许多影片,在制作方面确实能够看到制作团队的才华。任何一部动画作品,在不同阶段、不同平台,所带来的反馈都是不一样的。不同受众会对影片有不同评价。现在影片还没有分级,有些影片的镜头过于暴力,不适合学龄前孩子看。但是因为中国电影目前没有分级制度,有些家长下意识地就带着孩子走进了电影院。因此,创作者、制片人都应该了解这部影片适合谁,甚至应该在影片开始宣传的时候提示一下。在当下,需要相关部门完善相关政策,特别是年轻的创作者要更好地了解什么不能做。就如迪士尼一直到去世,都在一直追求着合家欢,时刻记着画面中不能够出现暴力镜头,不能出现不适合孩子、有可能对孩子产生负面影响的内容。中国动画学派的前辈们,那些优秀影片的创作者们都知道自己是在为谁服务。《雄狮少年》这样一部良心制作，却在票房上取得了不高的成绩，这样的票房不能够对这部作品的质量有客观的反映。当然影片的形象设计、美术、造型因素也应该充分地考虑。

《雄狮少年》这部影片票房不太好的原因主要有三点。

第一，外因，选择档期。这个档期可能不太适合这样的影片，是在元旦和圣诞之前，大家年底都比较忙碌，可能没有太多时间去看动画片，这样的作品比较适合在暑假上映。元旦、圣诞，可能是青春向的片子占主流，这个片子的排片会受到一定的挤压。

第二，定位可能有一点偏差。如果是成人影片，主人公又是少年；如果是合家欢，影片的内容又有社会很现实的一面，甚至是很悲情的一面；如果是低幼动画，故事又过于复杂，儿童难以理解。所以影片的定位模糊就使团队很难找准宣发的点。

第三，内因。这个内容是传统文化与现实题材的融合，和以前的传统文化融合神话题材不一样，是创新。但是这个现实题材中描写了很多社会上的负能量，比如像霸凌、抢劫，甚至还有雇用童工的这种。影片对社会的描写、现实的描写是比较偏颇的、失真的，是用主人公个人的正能量去消弭这些社会的负能量，但其实应该是用社会的正能量去消弭个人身上的负能量。

这些年来很多动画片都选择了魔幻题材，如果每年的爆款动画片都是魔幻、穿越、蒸汽朋克，那么这就好像变成了一种非常简单的成功公式。而这部作品会给市场一个很好的正面引导作用，只要踏踏实实做人物，扎扎实实地去做一个真实生活中的故事，市场是会认可的。把传统文化和现实题材结合起来是非常不易的，以前也没有过，所以这部动画才有着非常重要的意义。哪怕内容上有一些小瑕疵，我们也仍然要提倡向这个方向发展，这部影片必然会给以后创作者做类似的影片、挖掘类似题材的价值打下很好的基础。其实所谓现实题材的动画，并不是说从头到尾都要发生在现实之中，也可以有想象力的融入。比如，有一部现实题材影片叫《江南》，是以江南的一个兵工厂作为原型编写的一个故事，这个影片开头就有一大段是主人公想象自己在兵工厂里生产出飞机、机械以后，乘坐进行操作的一段情节。如果《雄狮少年》能让这个少年在梦境中跟所舞的狮头互动，使狮头变成一只威猛的狮子，与主人公达到在灵魂上的互通，这个想象的部分就会让这个现实题材更加丰满，更加有味道。影片有一张非常漂亮的海报，其实这张海报所蕴含的想象力要比现在影片中所呈现出来的要多得多。希望这张海报上的雄狮能够出现在影片之中，也希望更多的创作者关注"传统文化＋现实题材"这样的创作方向。

结语

随着社会的发展和不断进步，时代的变迁和文化更新，人们的思想也发生了翻天覆地的变化。就国内而言，在思想意识转变的同时，人们也改变了对艺术的欣赏观念。而动漫作为一种现代先进艺术，也应该跟紧时代的脚步，顺应时代的发展，保证原来的民族文化内容传承下去，同时又要雅俗共赏，中国故事才能够在全球化的环境里去推广。

1. 有效利用山东丰富的文化资源

山东具有历史悠久、乡土气息和地方特色浓郁等特点，其鲜明而又独特的艺术风格、文化特质使其在我国文化资源中占有重要的地位。在新形势下对地域特色的保护和传承，就是要深入挖掘其独特文化资源，进行有效开发利用。❶

2. 山东文化资源和动漫创作之间可以相互服务

把山东特色文化资源融入动漫创作中，可为动漫文化产业发展带来新的契机，同时对动漫民族化创作的探索也将起到很大作用。

3. 创造动漫表达的新形式

不应局限于用先进的技术来丰富动漫的画面，而是要在此基础上，将优秀的传统文化与先进的技术相结合，创作出人们喜闻乐见的现代动漫，也借此将中华优秀的传统文化推向银屏，走向世界。

4. 推动产业的可持续发展

在科技日新月异的时代，山东地域文化成了急需保护的资产，要想传承和保护山东文化资源就必须创造一个展现在大众面前的平台。因此，对文化资源

---

❶ 张宁．武强年画文化资源在现代动画设计中的应用研究[M]．石家庄：河北美术出版社，2016．

进行产业化保护与开发,是未来发展的主要方向。

　　毋庸置疑,山东地域文化有其独特的魅力,其蕴含着多样的、丰富的文化资源,是一个无价的宝藏,值得用心去开采、去继承、去发扬光大。艺术需要在交流互鉴中博采众长,创新与融合固然重要,但是对于曾经登顶高峰的国产动漫来说,更为关键的是要在传承好优秀中华传统文化基因的基础之上,做到与时俱进、兼容并包。

参考文献

[1] 毕克官.中国漫画史话[M].济南：山东人民出版社，1982.

[2] 丁亚平.1897—2001百年中国电影理论文选[M].北京：文化艺术出版社，2002.

[3] 丁言昭.中国木偶史[M].上海：学林出版社，1991.

[4] 费孝通.乡土中国[M].上海：上海人民出版社，2016.

[5] 格罗塞.艺术的起源[M].蔡慕晖，译.上海：商务印书馆，1984.

[6] 韩茗妍.中国传统艺术在中国动画中的应用探索[M].哈尔滨：黑龙江大学出版社，2013.

[7] 华觉明，李绵璐.民间技艺[M].北京：中国社会出版社，2006.

[8] 黄玉珊，余为政.动画电影探索[M].台北：远流出版事业股份有限公司，1997.

[9] 贾否，路盛章.动画概论[M].北京：中国传媒大学出版社，2005.

[10] 金近.童话创作及其他[M].上海：少年儿童出版社，1987.

[11] 李朝阳.中国动画的民族性研究[M].北京：中国传媒大学出版社，2011.

[12] 李铁.中国动画史[M].北京：北京交通大学出版社，2018.

[13] 刘峰，王莉莉.文化传播视域下齐鲁文化的传承与嬗变[M].长春：吉林文史出版社，2018.

[14] 吕学武.动画的"中国学派"研究[M].北京：中国传媒大学出版社，2014.

[15] 聂欣如.类型电影[M].上海：上海人民美术出版社，2001.

[16] 聂欣如.动画剪辑[M].上海：上海人民美术出版社，2006.

[17] 聂欣如.电影的语言[M].上海：复旦大学出版社，2012.

[18] 聂欣如.什么是动画[M].上海：复旦大学出版社，2016.

[19] 潘鲁生，唐家路.民艺学概论[M].济南：山东教育出版社，2012.

[20] 浦稼祥.动画创作启示录[M].北京：北京联合出版公司，2014.

[21] 王树村.中国民间门神艺术史话[M].天津：百花文艺出版社，2008.

[22] 王志敏.电影语言学[M].北京：北京大学出版社，2007.

[23] 吴其南.中国童话发展史[M].上海：少年儿童出版社，2007.

[24] 肖路.国产动画电影传统美学特征及其文化探源[M].上海：上海人民出版社，2008.

[25] 薛燕平.世界动画电影大师[M].北京：中国传媒大学出版社，2006.

[26] 颜慧，索亚斌.中国动画电影史[M].北京：中国电影出版社，2005.

[27] 余为政.动画笔记[M].北京：京华出版社，2010.

[28] 张慧临.二十世纪中国动画艺术史[M].西安：陕西人民美术出版社，2002.

[29] 张宁.武强年画文化资源在现代动画设计中的应用研究[M].石家庄：河北美术出版社，2016.

[30] 张松林，贡建英.谁创造了《小蝌蚪找妈妈》[M].上海：上海人民出版社，2010.

[31] 张颖.中国动画与"中国学派"研究[M].上海：东方出版中心，2012.

[32] 祝普文.世界动画史[M].北京：中国摄影出版社，2003.

[33] 钱运达.孩子们为什么喜欢《黑猫警长》[J].中国年鉴网络出版总库，1987 (1).

[34] 上海美术电影制片厂集体创作.壁画里的故事[J].电影艺术，1960.

[35] 特伟.创造民族的美术电影[J].美术，1960.

[36] 特伟.美术电影也要更上一层楼[J].电影艺术，1982.

[37] 王树忱.新中国美术片的成长[J].美术，1960.

[38] 胡智锋.现实主义力作温暖现实.光明日报[N].2022-3-30.

[39] 《上海电影史料》编辑组.上海电影史料 6[C].上海上海市电影局志办公室，1995.

[40] 布洛克.现代艺术哲学[M].滕守尧，译.成都：四川人民出版社，1998.

[41] 福克斯.欧洲漫画史：1848—1900[M].王泰智，沈慧珠，译.上海：

上海人民出版社，2005.

[42] 巴赞.电影是什么[M].崔君衍，译.北京：中国电影出版社，1987.

[43] 利明.神话学[M].李培茱，等译.上海：上海人民出版社，1990.

[44] 米勒.狄斯耐——全世界人民跟着他笑[M].楚茹，译.台北：台北北辰文化股份有限公司，1987.

[45] 贡布里希.艺术发展史[M].范景中，译.天津：天津人民美术出版社，1992.

[46] 贡布里希.艺术与错觉[M].林夕，李本正，范景中，译.长沙：湖南科学技术出版社，1999.

[47] 伊尼斯.传播的偏向[M].何道宽，译.北京：中国传媒大学出版社，2013.

[48] 津坚信之.日本动画的力量[M].秦刚，赵峻，译.北京：社会科学文献出版社，2011.

[49] 克拉考尔.电影的本性[M].邵牧君，译.南京：江苏教育出版社，2016.

[50] 汤普森.好莱坞怎样讲故事：新好莱坞叙事技巧探索[M].李燕，李慧，译.北京：新星出版社，2009.

[51] 威廉斯.文化与社会[M].北京：商务印书馆，2018.

[52] 加尔迪.影像的法则[M].赵心舒，译.北京：中国电影出版社，2015.

[53] 费伯，沃尔斯特.动画无极限[M].王可，等译.上海：上海人民美术出版社，2004.

[54] 麦克卢汉.理解媒介[M].何道宽，译.北京：商务印书馆，2000.

[55] 古埃雷拉.成人童话——连环漫画史[M].王天清，译.成都：四川人民出版社，2002.

[56] 巴尔.叙事理论导论[M].谭君强，译.北京：中国社会科学出版社，2003.

[57] 恩德.讲不完的故事[M].王佩莉，译.上海：上海译文出版社，2000.

[58] 波斯曼.娱乐至死[M].章艳，译.桂林：广西师范大学出版社，2004.

[59] 埃利亚斯.文明的进程[M].王佩莉,袁志英,译.北京:三联书店,1998.

[60] 贝托米厄.电影音乐赏析[M].杨围春,马琳,译.北京:文化艺术出版社,2005.

[61] 克拉考尔.电影的本性[M].邵牧君,译.北京:中国电影出版社,1981.

[62] 萨杜尔.世界电影史[M].徐昭,胡承伟,译.第二版.北京:中国电影出版社,1995.

[63] 波德里亚.消费社会[M].刘成富,全志钢,译.南京:南京大学出版社,2000.

[64] 本雅明.机械复制时代的艺术作品[M].王才勇,译.北京:中国城市出版社,2002.

[65] 冯特.电影叙事[M].李显立,等译.台北:远流出版事业股份有限公司,1999.

[66] 巴克斯特.斯皮尔伯格[M].和平,等译.海口:海南出版社,1999.